- **연습문제** : 학습을 마친 후 스스로 복습할 수 있도록 돕습니다.

- **단원평가** : 총 8개의 Chapter 학습을 마칠 때마다 배운 내용을 정리하는 단원평가를 구성해 다시 한 번 복습할 수 있도록 돕습니다.

자료 다운로드 방법

이 책에서 사용되는 예제파일, 완성파일, 연습문제 슬라이드 자료, 강의안은 영진닷컴 홈페이지에서 다운로드 받으실 수 있습니다.

1. 영진닷컴 홈페이지(www.youngjin.com)에 접속한 뒤 [고객센터]-[부록CD다운로드] 게시판의 검색 창에 '한쇼 NEO'를 입력한 후 Enter 를 누릅니다.

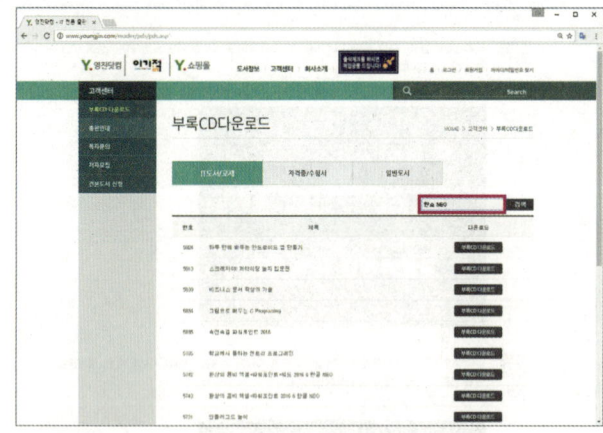

2. 목록에서 '처음 시작하는 한쇼 NEO'를 찾아 부록CD 다운로드 를 클릭합니다.

3. 팝업 창이 나타나면 [cd1.zip]을 클릭하여 다운로드한 뒤, 압축을 해제합니다.

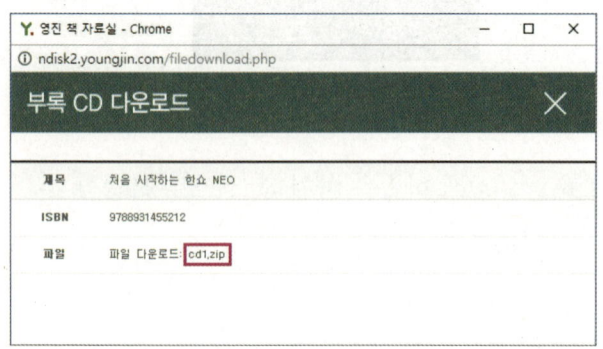

4. Chapter별 예제파일과 완성파일, 연습문제 풀이 슬라이드 자료가 있으며, 강의안은 출력해서 사용하면 됩니다.

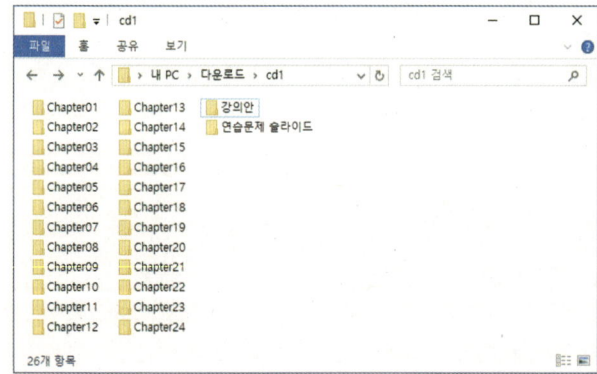

이 책의 목차

Chapter 01	사진으로 앨범을 만들어 볼까?	6
Chapter 02	드론은 어디까지 날 수 있을까?	11
Chapter 03	드론은 어디까지 촬영할 수 있을까?	16
Chapter 04	인공지능 로봇과 대화가 될까?	20
Chapter 05	3D 프린터로 음식을 만들 수 있을까?	24
Chapter 06	한포토로 그림을 보정해 볼까?	28
Chapter 07	한포토로 그림의 배경을 지워볼까?	32
Chapter 08	바다에 구멍이 난다면?	36
☆ 단원평가		40
Chapter 09	공포영화를 보면 정말 시원해질까?	42
Chapter 10	물속에서도 꺼지지 않는 불꽃이 있을까?	46
Chapter 11	엘리베이터를 타고 내려오면 몸무게가 줄어들까?	50
Chapter 12	홀로그램을 직접 만들 수 있을까?	56
Chapter 13	더위를 이기려면 검은 양산? 흰 양산?	61
Chapter 14	빛이 없는 곳에서도 사진을 찍을 수 있을까?	65
Chapter 15	양산으로 더위를 피할 수 있을까?	71
Chapter 16	왜 맨홀 뚜껑은 동그라미일까?	75
☆ 단원평가		80
Chapter 17	장수하는 마을은 어떤 음식을 먹을까?	82
Chapter 18	관성과 중력의 관계를 알고 있나요?	86
Chapter 19	홀로그램이 생기는 이유는 뭘까?	91
Chapter 20	물속에서도 꺼지지 않는 불꽃을 만들어 볼까?	97
Chapter 21	공포 영화를 보면 정말 시원해질까?(소리 넣기)	101
Chapter 22	나는 자라서 무엇이 될까?(슬라이드 마스터)	105
Chapter 23	한쇼 작업물을 다른 형식으로 만들 수 있을까?	110
Chapter 24	PDF 문서를 한쇼에서 편집할 수 있을까?	114
☆ 단원평가		118

Chapter 01 사진으로 앨범을 만들어 볼까?

한쇼 세계에 온 여러분 환영해요! 지금부터 한쇼 NEO에 대해서 여러 가지를 배우게 될 거예요. 한쇼와 함께 엉뚱한 상상도 해보고 창의력도 키우면서 멋지고 화려한 문서를 만들어 볼 거예요. 그럼 출발해 볼까요?

무엇을 배우나요
★ 한쇼 NEO 화면 구성에 대해 학습합니다.
★ 슬라이드 테마를 적용하고 슬라이드 이동, 삭제, 추가하는 방법을 학습합니다.
★ 사진을 이용해 멋진 앨범을 만드는 방법에 대해 학습합니다.

완성화면 미리보기

수업 길잡이
난이도 ★☆☆☆☆
학습기능 한쇼 둘러보기, 슬라이드 이동 · 삭제 · 추가, 파일 저장, 테마 설정, 앨범 만들기

🔍 **이 학습과 예제를 통해** 한쇼 NEO 전반적인 화면구성을 살펴보는 시간을 가질 수 있고, 기본 구성요소인 슬라이드에 대하여 알 수 있어요. 한쇼에서는 우리가 생각한 것보다 더 많은 작업을 할 수 있답니다. 이번 학습에서는 테마 설정, 앨범 만들기 등 한쇼의 편리한 기능을 활용할 수 있어요.

한쇼 살펴보기

1. [시작]-[모든 프로그램]-[한글과컴퓨터]-[한쇼]()를 클릭하여 한쇼를 실행하고 [새 프리젠테이션] 대화상자에서 [한컴오피스]를 선택하고 [확인]을 클릭합니다.

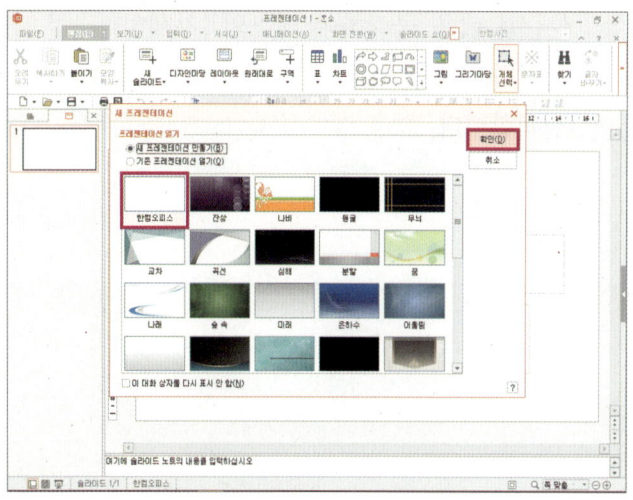

2. 한쇼 NEO 구성요소에 대하여 살펴봅니다.

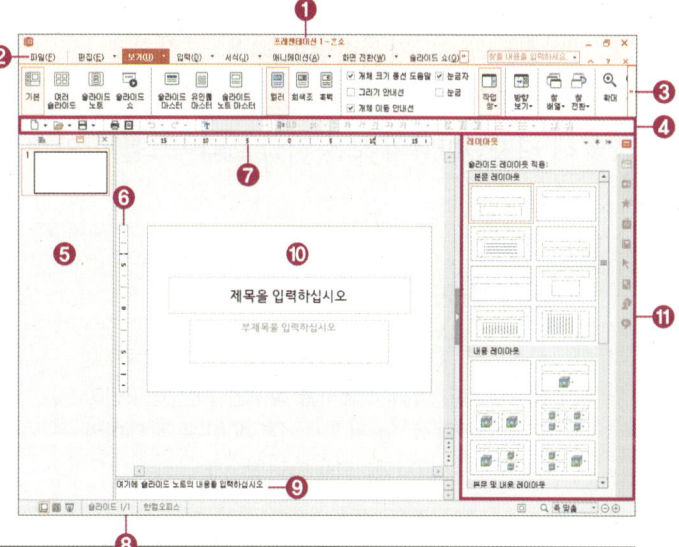

	이름	설명
1	제목	프로그램의 제목과 최소화, 최대화, 닫기 단추가 나타납니다.
2	메뉴	프로그램에서 사용하는 메뉴를 비슷한 기능별로 묶어 놓은 곳입니다.
3	기본 도구 상자	각 메뉴에서 자주 사용하는 기능을 그룹별로 묶어서 메뉴 탭 형식으로 제공합니다.
4	서식 도구 상자	문서 편집 시 자주 사용하는 기능을 모아 아이콘으로 묶어서 놓은 곳입니다.
5	개요 창	개요 탭이나 슬라이드 탭을 선택하여 슬라이드 보기를 설정할 수 있습니다.
6	세로 눈금자	개체의 세로 위치나 높이를 파악하기 위해 사용합니다.
7	가로 눈금자	개체의 가로 위치나 너비를 파악하기 위해 사용합니다.
8	상황 선	현재 슬라이드 번호/전체 슬라이드 개수, 보기 상태 등 기본 정보를 보여 줍니다.
9	슬라이드 노트	슬라이드에 대한 보충 설명을 입력합니다.
10	편집 창	프레젠테이션 문서를 편집하는 영역입니다.
11	작업 창	자주 사용하는 기능을 모아 편집 창에서 바로 접근할 수 있도록 한 곳입니다.

테마 설정하기

1 [서식] 탭을 클릭하여 테마의 [자세히](▼)를 클릭하고 여러 테마 중에서 [강아지] 테마를 선택합니다.

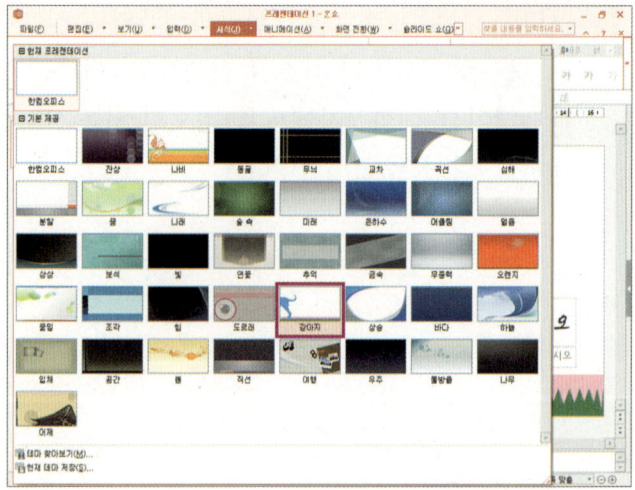

2 [편집] 탭-[디자인마당](▦)을 클릭하고 [모든 디자인을 새 슬라이드로 추가하기]를 선택해 디자인마당의 모든 서식 슬라이드를 삽입합니다.

> **TIP**
> 한쇼는 각 테마별 디자인마당을 15개의 서식으로 제공합니다. 따라서 테마를 바꾸면 해당 디자인마당을 사용할 수 있습니다. 기본 40여 종의 테마와 500여 종의 디자인마당을 제공합니다.

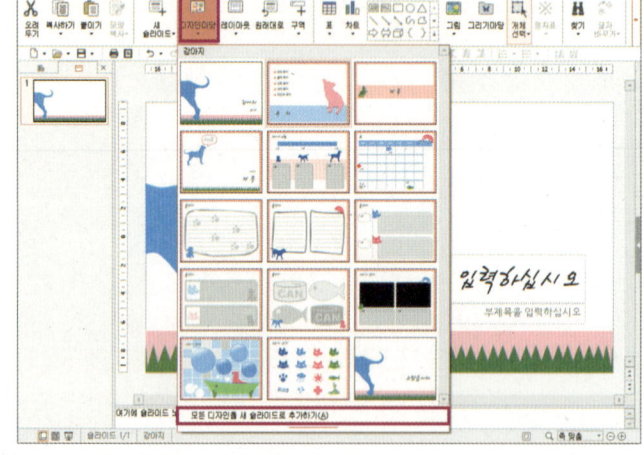

3 제목 슬라이드가 두 장이 되었는데, [개요 창] 첫 번째 슬라이드에서 마우스 오른쪽 버튼을 눌러 [슬라이드 지우기]를 선택하여 삭제합니다.

4 [개요 창]에서 다섯 번째 슬라이드를 여섯 번째 슬라이드 뒤로 드래그하여 슬라이드를 이동합니다.

> **TIP**
> [파일] 탭-[저장하기]를 선택하여 [다른 이름으로 저장하기] 대화상자에서 [저장 위치]와 [파일 이름]을 지정하고 [저장]을 클릭해 슬라이드를 저장합니다.

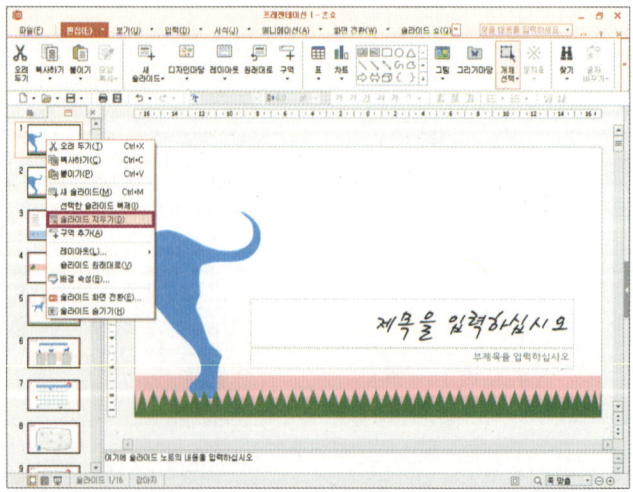

앨범 만들기

1. [입력] 탭-[앨범 만들기]( )를 클릭합니다. [앨범 만들기] 창이 나타나면 [파일]을 클릭해 파일의 위치를 선택한 다음 앨범을 만들 사진을 모두 선택하고 [확인]을 클릭합니다.

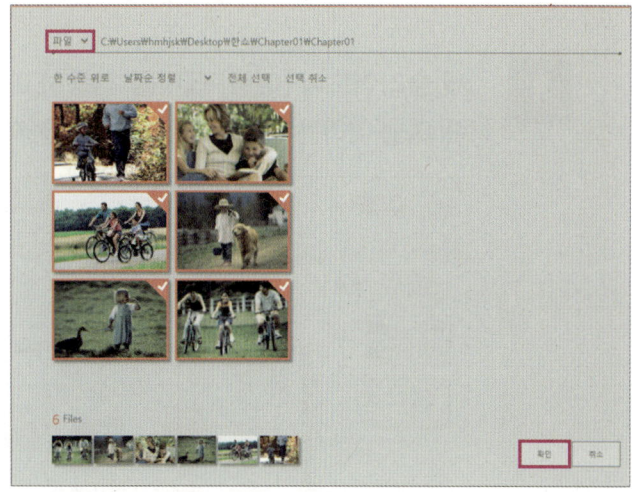

2. [테마]( )를 클릭하고 [피크닉] 테마를 선택한 다음 [한쇼로 내보내기](S)를 클릭합니다.

3. 첫 번째 슬라이드는 삭제하고, [서식] 탭-[슬라이드 크기]( )를 클릭해 [화면 슬라이드 쇼(4:3)]를 선택합니다. [최대화/맞춤 확인] 대화상자에서 [새 슬라이드에 맞게 크기 조정]-[최대화]를 선택하고 [확인]을 클릭합니다.

> **TIP**
>
> **새 슬라이드에 맞게 크기 조정**
> ① 최대화 : 큰 슬라이드에 맞게 비율을 조정할 때 개체의 크기를 확대합니다. 개체 크기가 슬라이드를 초과할 수 있습니다.
> ② 맞춤 확인 : 작은 슬라이드에 맞게 비율을 조정할 때 개체의 크기를 축소합니다.

연습문제 풀어보기!

1 새 슬라이드에 [여행] 테마를 적용하고 디자인마당에서 '활용 디자인 10'을 삽입한 다음 '가족 여행'이라는 이름으로 슬라이드를 저장해 봅니다.

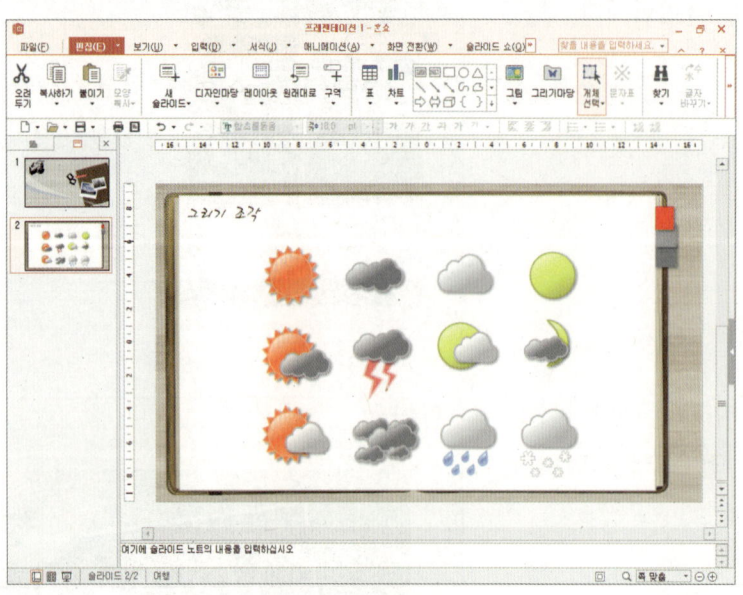

2 한쇼에서 제공하는 [나래] 테마의 모든 디자인이 추가된 다섯 번째 슬라이드를 첫 번째 슬라이드 뒤로 이동하고 열다섯 번째 슬라이드는 삭제합니다.

예제파일 Chapter01₩연습문제2_시작.show

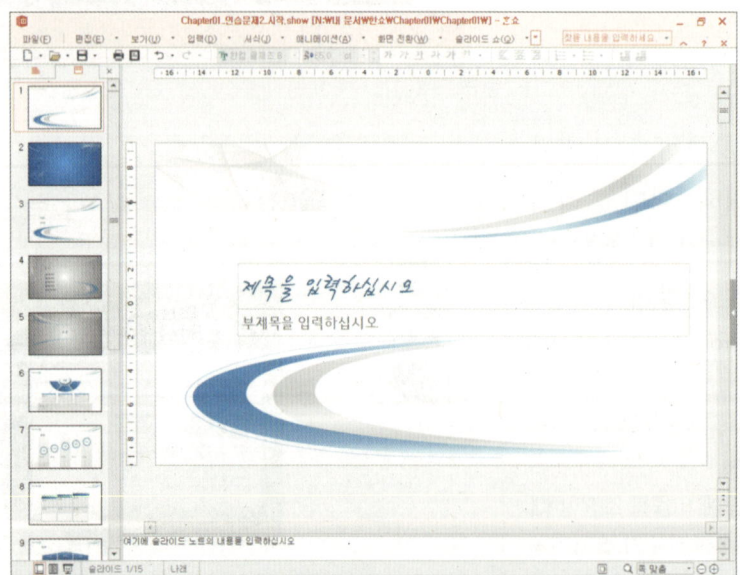

Chapter 02 드론은 어디까지 날 수 있을까?

요즘 드론이 방송 촬영, 웨딩 촬영 등 이곳저곳에서 많이 이용되고 있다고 해요. 드론은 어디까지 날 수 있을까요? 한쇼의 워드숍 기능으로 드론을 소개하는 프레젠테이션 제목 슬라이드를 만들고, 특수 문자와 한자, 영어를 이용하여 멋지게 꾸며 소개해보세요.

무엇을 배우나요?
★ 워드숍으로 제목을 작성하는 방법을 학습합니다.
★ 한글, 영어, 한자, 특수 문자를 입력하는 방법을 학습합니다.

완성화면 미리보기

수업 길잡이
- **난이도** ★☆☆☆☆
- **예제파일** Chapter02₩드론_시작.show
- **학습기능** 워드숍으로 제목 작성, 한자 · 영어 · 특수 문자 입력

🔍 **이 학습과 예제를 통해** 드론의 활용도가 높아지고 있는 요즘 드론에 대한 몇 가지 궁금증을 파헤쳐 볼 수 있어요. 이때 한쇼의 워드숍 기능을 이용하여 화려한 제목을 만들고, 한자 · 특수 문자 입력하는 방법을 학습해 자료의 첫 제목 슬라이드를 멋있게 꾸밀 수 있어요.

워드숍 제목 작성하기

1. 예제파일을 열고 첫 번째 슬라이드로 이동한 뒤, [입력] 탭-[워드숍](📝)을 클릭하여 [채우기-강조1(그러데이션),윤곽-밝은 색 1]을 선택합니다.

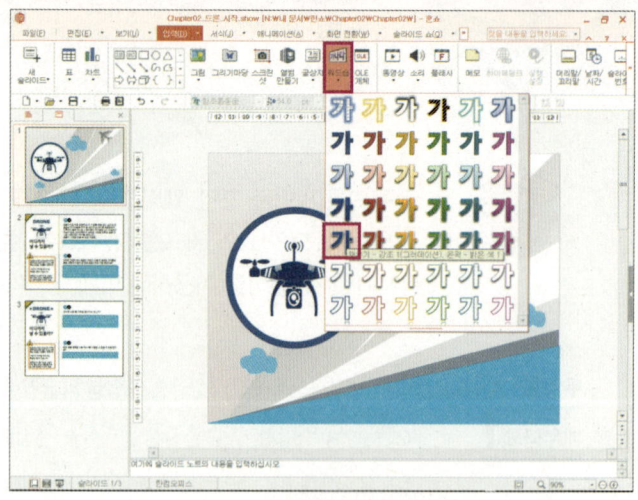

2. '내용을 입력하세요' 텍스트 상자를 오른쪽으로 드래그하여 이동합니다.

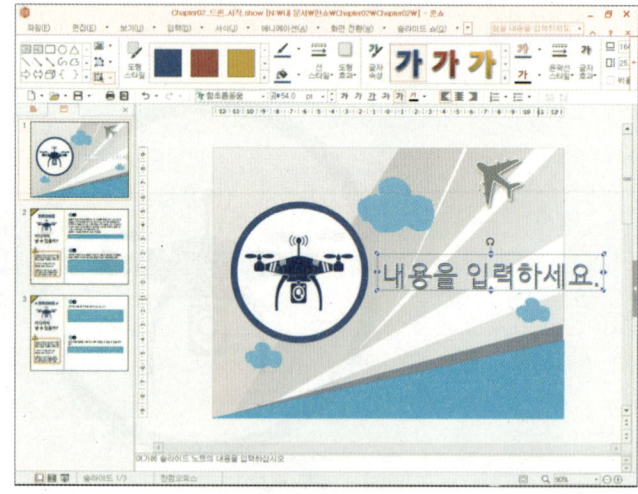

> **TIP**
> 텍스트 상자를 이동하려면 텍스트 상자 테두리 부분에 마우스를 두어 마우스 포인터 모양이 십자가 모양(✢)으로 바뀔 때 드래그해서 옮겨야 합니다.

3. '내용을 입력하세요'를 지우고 'DRONE'을 입력하고 다음과 같이 글자 모양을 바꾸어 봅니다.

글자 모양 설정 값
① 글꼴 : Arial Black ② 글자 크기 : 84pt

> **TIP**
> 키보드의 을 누를 때마다 한글, 영어로 번갈아 입력할 수 있습니다. 또한 영어 대/소문자 입력은 키보드 `Caps Lock`을 누를 때마다 변경할 수 있고, 소문자 입력 상태에서 `Shift`+영문자를 누르면 대문자가 입력됩니다.

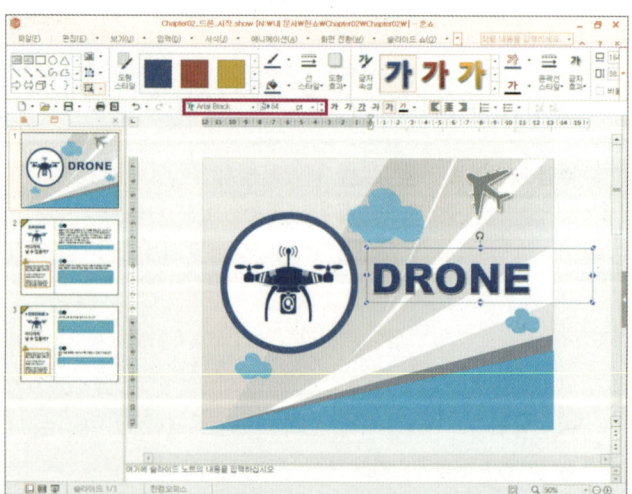

4 입력한 'DRONE'을 블록 설정하고 [도형] 탭-[글자 효과](가)를 클릭하여 [변환]-[휘어 내려가기]를 선택합니다.

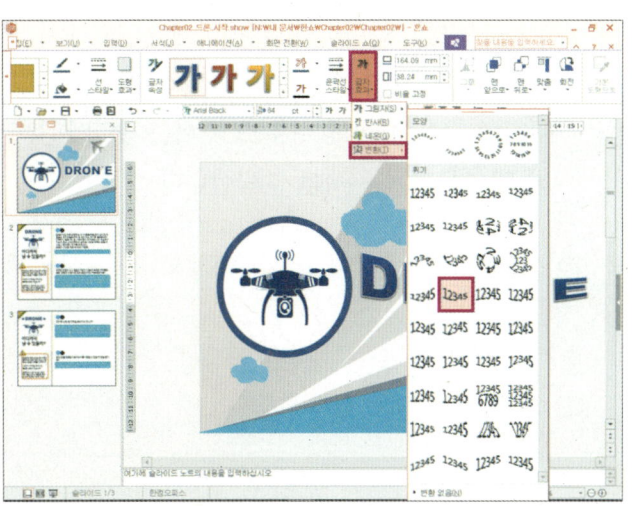

> **TIP**
> 한쇼에서 텍스트 상자 안에 커서를 두고 키보드 Esc 를 누르면 텍스트 상자 안의 모든 글자를 블록 설정할 수 있습니다.

5 'DRONE' 텍스트 상자를 선택하고 테두리 부분의 크기 조절점을 드래그하여 크기를 적당하게 조절하여 슬라이드를 완성합니다.

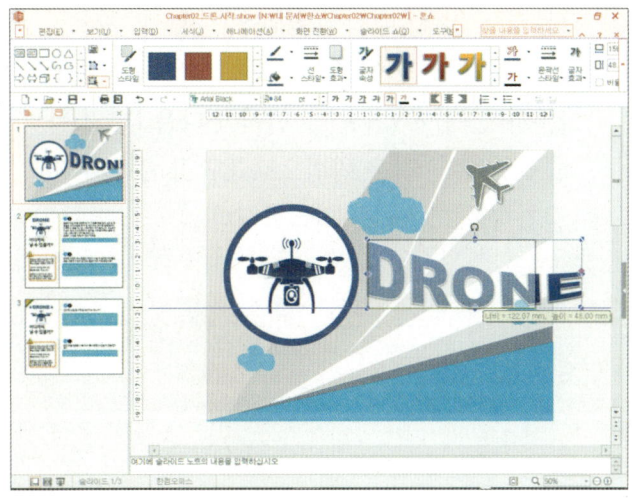

> **TIP**
> 크기를 조절할 개체를 선택하면 테두리에 8개의 크기 조절점이 나타납니다. 각 크기 조절점에 마우스 포인터를 두어 양방향 화살표 모양이 되었을 때 드래그하면 쉽게 크기를 조절할 수 있습니다.

한자·특수 문자 입력하기

1 특수 문자를 입력하기 위해 [개요 창]에서 두 번째 슬라이드를 선택하고 입력되어 있는 'DRONE'의 'D' 앞에 마우스 커서를 놓고 [입력] 탭-[문자표](※)를 클릭합니다.

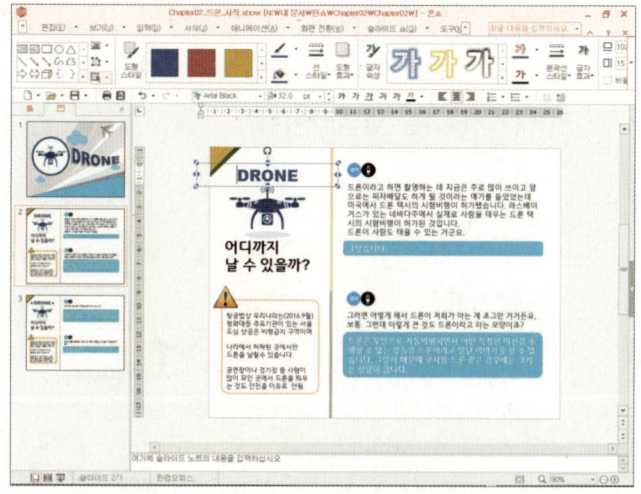

2 [문자표 입력] 대화상자에서 [사용자 문자표] 탭-[문자 영역]에서 [※ 기호 1]을 선택하고 [문자 선택]에서 [★]을 선택한 다음 [넣기]를 클릭합니다. 같은 방법으로 'DRONE'에서 'E' 글자 뒤에도 [★]을 입력합니다.

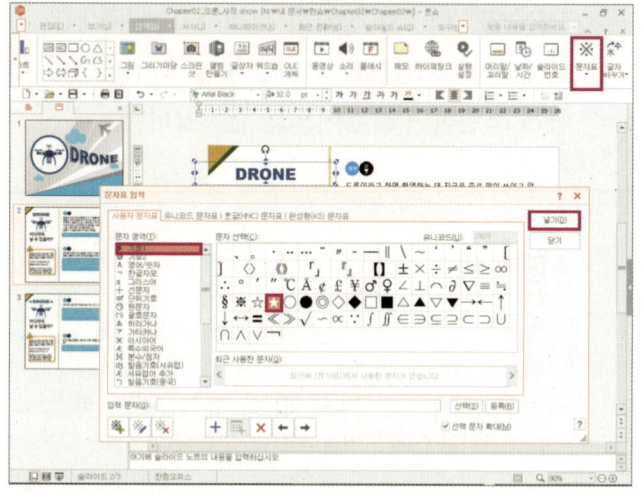

3 이번에는 한자 변환을 하기 위해 두 번째 슬라이드로 이동한 뒤, '촬영'이라는 문자를 블록 설정한 다음 [한자]를 누릅니다. [한자로 바꾸기] 대화상자에 해당 한자인 [撮影]이 선택되어 있다면 [입력 형식]에서 [漢子(한자)]를 선택한 다음 [바꾸기]를 클릭해 완성합니다.

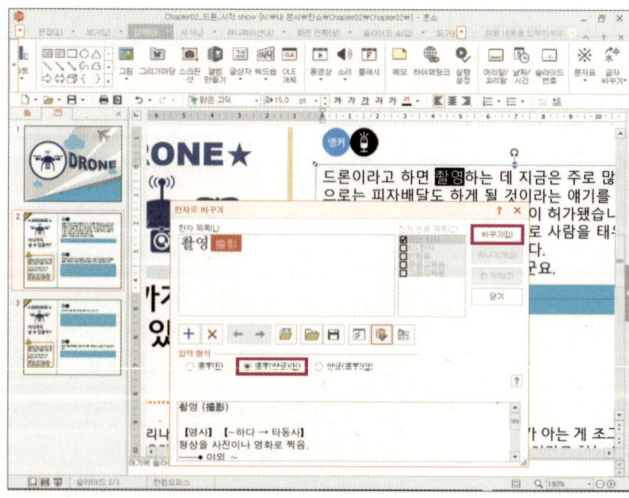

연습문제 풀어보기!

1 우리나라의 불꽃·불빛 축제에 대한 슬라이드의 제목을 워드숍 기능과 문자표 기능을 이용하여 만들어 봅니다.

예제파일 Chapter02₩연습문제1_시작.show

2 우리나라 커피의 역사를 알아보는 슬라이드의 제목을 워드숍 기능과 키보드의 한/영 변환, 한자 변환 기능을 이용하여 만들어 봅니다.

예제파일 Chapter02₩연습문제2_시작.show

Chapter 03 드론은 어디까지 촬영할 수 있을까?

드론이 이곳저곳에서 많이 사용되고 있다고 하는데 우리도 드론으로 촬영한 사진을 이용해서 사진전을 열어보면 어떨까요? 한쇼의 워드숍 기능으로 멋진 사진전 포스터를 만들고, 사진 꾸미기 기능을 이용하여 드론으로 촬영한 사진을 재밌게 꾸며보세요.

무엇을 배우나요?

★ 워드숍으로 서식을 설정하는 방법을 학습합니다.
★ 사진 꾸미기 기능을 적용하는 방법을 학습합니다.

완성화면 미리보기

수업 길잡이

- 난이도 ★★☆☆☆
- 예제파일 Chapter03₩사진전_시작.show, 사진1.jpg
- 학습기능 워드숍 설정, 사진 꾸미기 기능

🔍 **이 학습과 예제를 통해** 드론으로 찍은 사진은 일반 사진과 어떤 차이가 있는지 생각해보며 드론 사진전 개최자가 되어 볼 수 있어요. 워드숍 서식을 이용하여 멋진 전시 제목을 만들고, 한쇼에만 있는 사진 꾸미기 기능으로 전시에 사용할 사진에 효과, 스티커, 테두리를 적용하여 개성 있는 사진으로 만들어 보세요.

워드숍 서식 적용하고 사진 꾸미기

1 예제파일을 열고 첫 번째 슬라이드를 클릭한 뒤 제목의 '드'를 드래그한 후 [도형] 탭()-[글자 속성] 테마의 [자세히](⏷)를 클릭하여 여러 가지 워드숍 중에서 마음에 드는 서식을 선택합니다.

2 '론', '사', '진', '전'도 위와 마찬가지로 워드숍 서식을 설정하여 완성합니다.

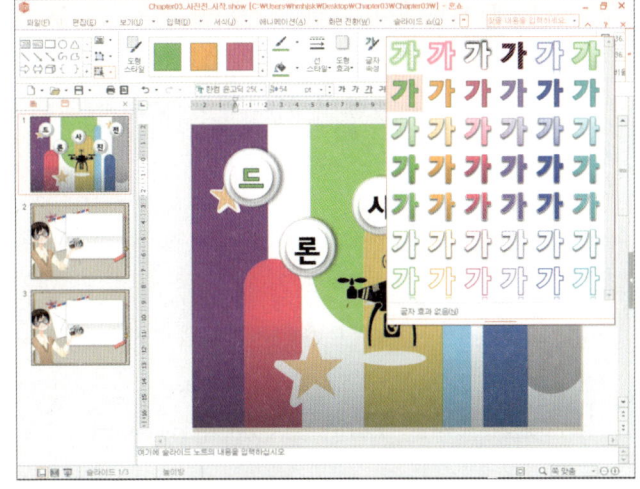

3 [개요 창]에서 두 번째 슬라이드를 클릭한 뒤 [입력] 탭-[그림](🖼)을 클릭하여 [사진 꾸미기로 넣기]를 선택합니다.

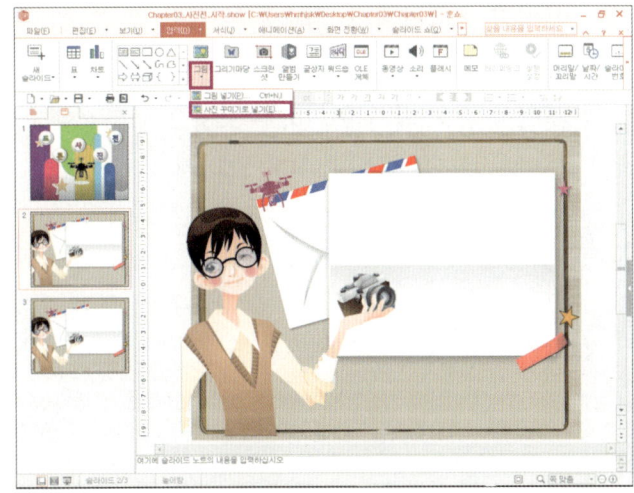

4 [사진 꾸미기] 창에서 [불러오기]를 클릭합니다.

5 [파일]을 클릭해 불러올 파일의 위치를 선택한 후 '사진1.jpg'를 클릭하여 선택하고 [확인]을 클릭합니다.

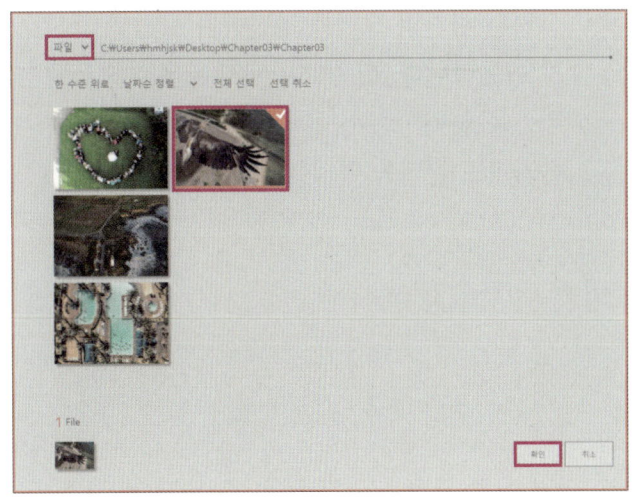

CHAPTER 03 드론은 어디까지 촬영할 수 있을까?

6 창 아래 메뉴에서 [스티커](ⓒ)를 클릭하면 재미있는 스티커를 삽입할 수 있습니다. 스티커를 좌우로 드래그하면 여러 모양을 볼 수 있는데 마음에 드는 것을 클릭하여 스티커를 삽입합니다.

> **TIP**
> 메뉴 막대가 사라지면 사진을 클릭하여 표시합니다.

7 삽입된 스티커에서 주황색 동그라미는 '크기 조절', 녹색 동그라미는 '회전', x는 '삭제'하는 것입니다. 스티커를 원하는 모양으로 조절했으면 [적용]을 클릭합니다. 스티커 삽입 완료 후 [한쇼로 내보내기](ⓢ)를 클릭합니다.

8 삽입된 사진의 크기를 조절하여 사진틀 안으로 이동합니다. 왼쪽 소년에서 마우스 오른쪽 버튼을 눌러 [순서]-[맨 앞으로]를 선택하여 슬라이드 편집을 완성합니다.

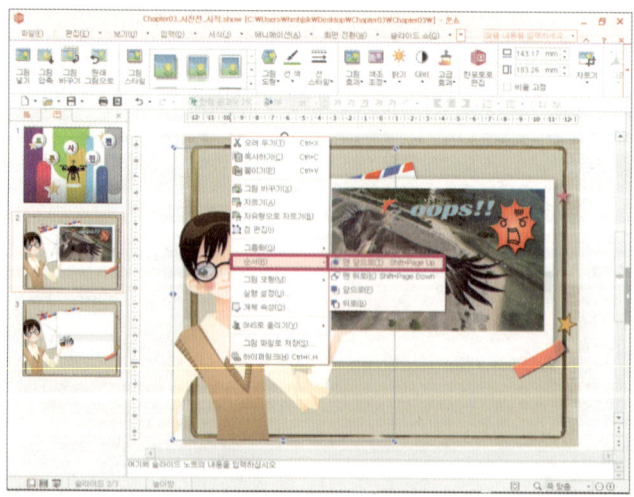

연습문제 풀어보기!

1 3장의 고양이 사진으로 사진첩을 만들려고 합니다. 한쇼의 사진 꾸미기를 이용하여 사진을 꾸며 나만의 사진첩을 만들어 봅니다.

> **예제파일** Chapter03₩연습문제1_시작.show, 연습문제1 그림 폴더

2 태양계 사진전을 열려고 하는데 행성 사진으로 전시하니 뭔가 허전한 느낌이 듭니다. 사진 꾸미기를 이용하여 사진전에 들어갈 행성 사진을 멋지게 꾸며 전시해 봅니다.

> **예제파일** Chapter03₩연습문제2_시작.show, 연습문제2 그림 폴더

Chapter 04 인공지능 로봇과 대화가 될까?

인공지능과 관련된 기사 내용을 번역하고 내용을 이해해 봅니다. 내용이 어렵다고요? 한쇼의 번역 기능을 이용하면 다른 나라의 언어도 한국어로 번역해 볼 수 있고, 한국어를 다른 나라 언어로 번역 할 수도 있어요. 또 이해하기 어려운 단어와 의미를 한컴사전으로 익힐 수 있어요. 번역과 한컴사전 을 이용해 손쉽게 기사를 분석해 보세요.

무엇을 배우나요

★ 다른 나라 언어를 한국어로 혹은 한국어를 다른 나라 언어로 번역하는 방법을 학습합니다.
★ 한컴사전을 활용하여 단어 문장의 의미를 파악하는 방법을 학습합니다.

완성화면 미리보기

수업 길잡이
- 난이도 ★★★★★
- 예제파일 Chapter04₩인공지능 로봇_시작.show
- 학습기능 번역 기능, 한컴사전

🔍 **이 학습과 예제를 통해** 전 세계적 관심사인 인공지능에 대하여 생각해 볼 수 있어요. 대표적인 인공지능 로봇 페퍼의 인터뷰 내용을 전 세계에 알릴 수 있도록 다른 나라 언어로 번역해 보세요. 번역하면서 기사에 있는 어려운 단어의 의미는 한컴사전을 활용하여 이해할 수 있어요.

번역 기능 사용하기

1 예제파일을 열고 페퍼의 인터뷰 내용을 드래그합니다. [도구] 탭-[번역](📖)을 클릭하여 [선택한 글자 번역]을 선택해 번역 기능을 실행합니다.

> **TIP**
> - 페퍼 사진 출처 : http://blog.naver.com/luv_bara/220519008846
> - [기본 도구 상자]의 [번역](📖)을 클릭하거나 작업 창의 번역 기능(📖)을 사용하여도 번역 기능이 활성화됩니다.

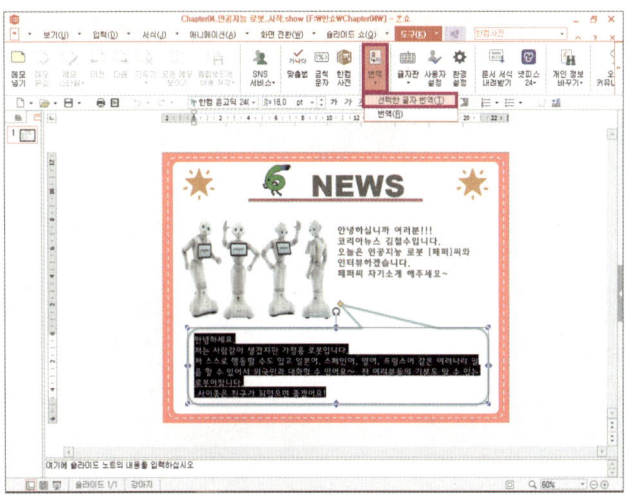

2 번역 창이 나타나면 [번역 언어 선택]의 펼침 단추(▼)를 클릭해 [한국어(대한민국)]를 선택, [번역 종료 언어]를 [영어(미국)]으로 선택합니다.

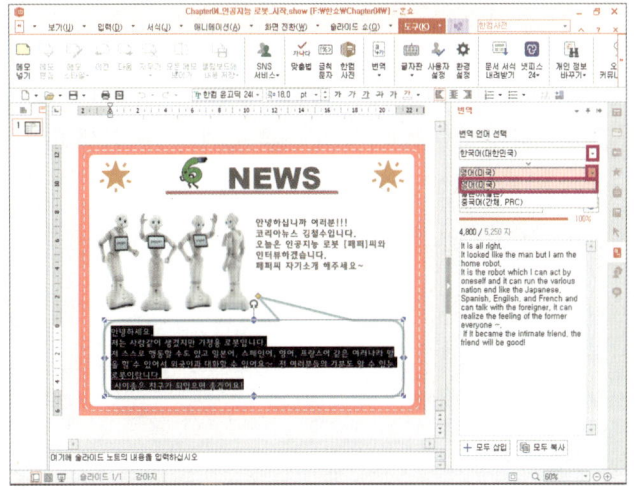

3 언어 설정 후 [선택한 글자 번역]을 클릭하여 번역이 완료되면 [모두 삽입]을 클릭하여 번역할 언어를 지문에 삽입합니다.

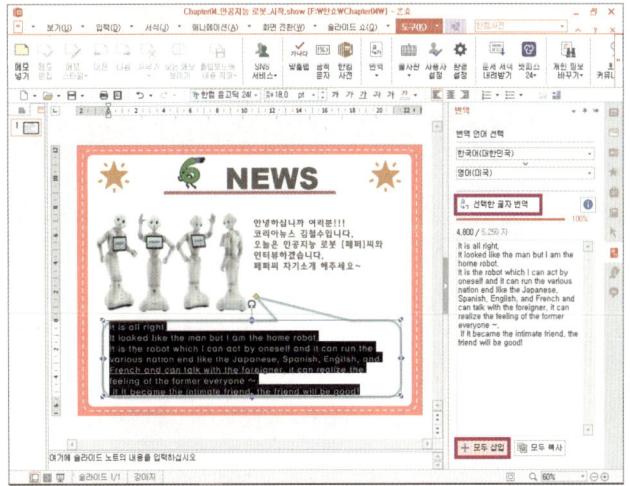

CHAPTER 04 인공지능 로봇과 대화가 될까? 21

한컴사전 활용하기

1. 기사를 이해하기 위해 [도구] 탭-[한컴사전]()을 클릭하여 한컴사전을 활성화합니다.

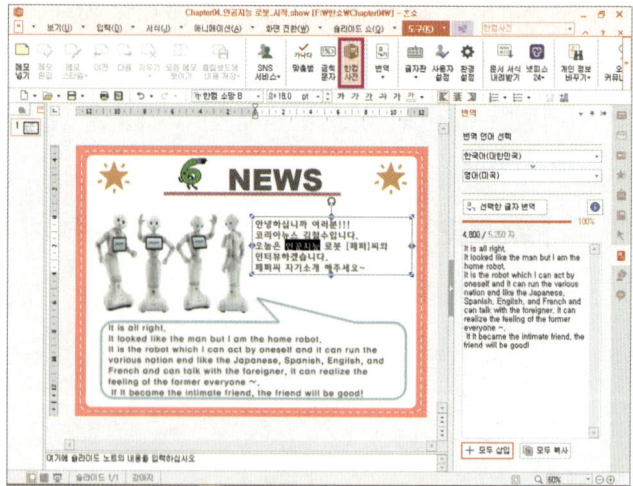

2. '인공지능'을 한컴사전 검색 창에 입력하고 [찾기](찾기 ▼)를 클릭합니다.

3. 같은 방식으로 기사의 다른 단어들을 검색하여 기사를 이해합니다.

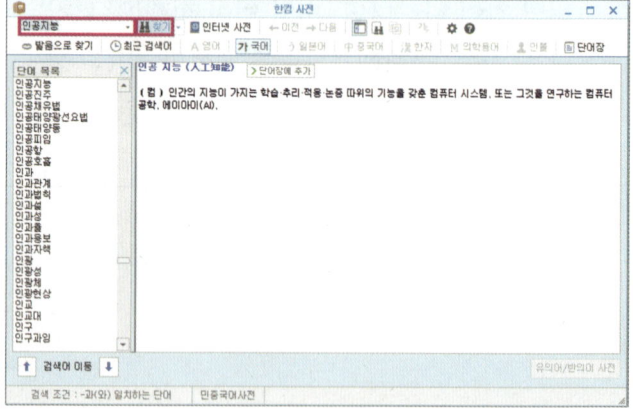

연습문제 풀어보기!

1 떡볶이 만들기 레시피를 일본인 친구에게 알려주기 위해 한글 레시피를 일본어로 번역해 봅니다.

예제파일 Chapter04₩연습문제1_시작.show

2 항공권 예매하기, 체크인하기 등 여행에서 사용될 회화들을 번역 기능을 이용하여 번역해 보고 한컴사전 기능을 이용해 단어의 정확한 뜻을 알아봅니다.

예제파일 Chapter04₩연습문제2_시작.show

CHAPTER 03. 체크인하기

A : It would like to check in.

B : Is a reserved in the future?

A : It reserved under my name.

B : Say the spelling of the family name.

Chapter 05
3D 프린터로 음식을 만들 수 있을까?

3D 프린터로 무엇이든 만들 수 있는 요즘, 먹을 수 있는 '음식'까지도 만들 수 있다고 해요. 3D 프린터로 어떤 음식들을 만들 수 있는지 직접 그림을 삽입하며 학습해 봅니다. 또 그림에 스타일을 지정하여 멋진 작품집을 만들어 보세요.

무엇을 배우나요?
★ 그림을 삽입하는 방법을 학습합니다.
★ 그림의 스타일을 지정하는 방법을 학습합니다.
★ 그림을 바꾸는 방법을 학습합니다.

완성화면 미리보기

수업 길잡이
- 난이도 ★★☆☆
- 예제파일 Chapter05₩3D프린터_시작.show, 3D음식.tif, 3D초콜릿.tif
- 학습기능 그림 삽입, 스타일 지정

🔍 이 학습과 예제를 통해 3D 프린터에 대하여 알아보아요. 3D 프린터로 만들 수 있는 음식 그림을 슬라이드에 삽입하고 크기를 조절하는 방법을 알 수 있으며 같은 그림을 서로 다른 그림으로 바꾸거나 액자 스타일을 지정하는 방법을 학습하여 멋진 앨범으로 만들 수 있어요.

 그림 삽입하기

1. 예제파일을 열고 두 번째 슬라이드로 이동한 뒤 [입력] 탭-[그림]( )을 클릭하여 [그림 넣기]를 선택합니다. [그림 넣기] 대화상자에서 '3D음식.tif'를 클릭한 다음 [넣기]를 클릭합니다.

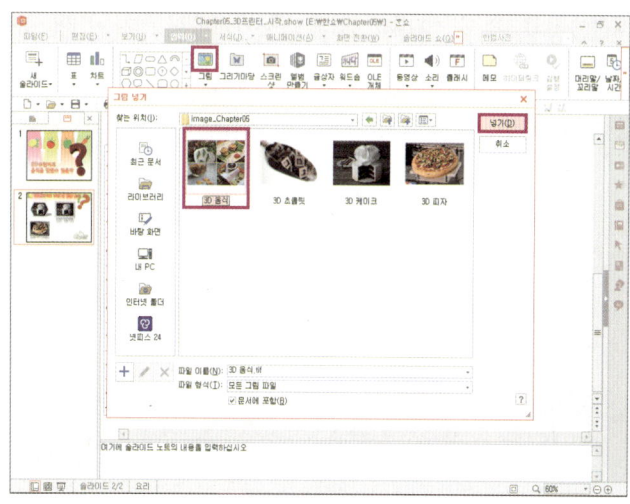

2. 삽입한 '3D음식.tif'가 선택된 상태에서 [그림] 탭( )-[자르기]( )를 클릭하여 [자르기]를 선택합니다.

3. 그림의 모서리의 크기 조절점 모양이 바뀌게 되면 드래그하여 '공룡 음식'만 남도록 조절합니다.

4. 크기 지정 후 [자르기]( )를 한 번 더 클릭합니다. 오른쪽 아래로 '공룡 음식' 그림을 이동하고, 크기 조절점으로 그림의 모서리를 잡고 드래그하여 크기를 조절합니다.

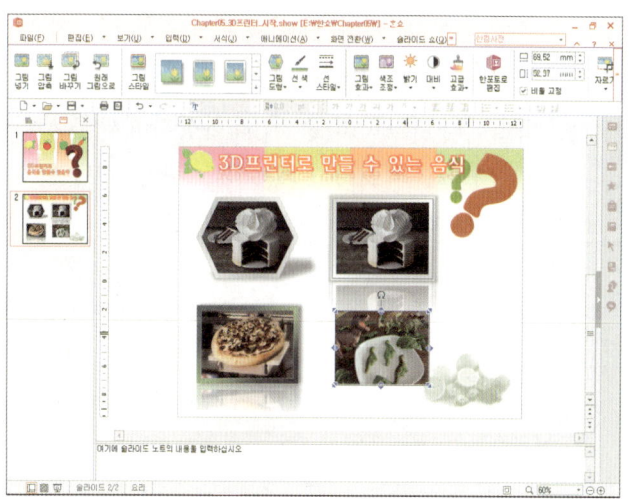

TIP
자르기 기능이 선택되어 있을 때는 그림의 모서리가 모양이 되고, 크기를 조절할 수 있는 상태가 되면 그림의 모서리가 모양으로 활성화됩니다.

CHAPTER 05 3D 프린터로 음식을 만들 수 있을까?

그림 스타일 지정하고 그림 바꾸기

1 '공룡 음식' 그림이 선택된 상태에서 [그림] 탭 (　)-[그림 스타일] 테마의 [자세히](　)를 클릭하여 [금빛 곡선형]을 선택합니다.

2 액자 스타일을 지정하였으면 [그림] 탭(　) -[고급 효과](　)를 클릭하여 [질감]을 선택합니다.

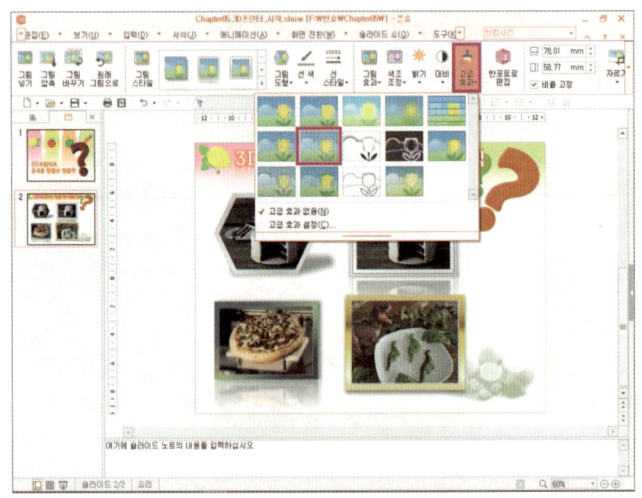

3 오른쪽 위에 위치한 '케이크 음식' 그림을 선택하고 [그림] 탭(　)-[그림 바꾸기](　)를 클릭합니다. [그림 바꾸기] 대화상자에서 '3D 초콜릿.tif'를 선택하고 [넣기]를 클릭하면 그림이 변경됩니다.

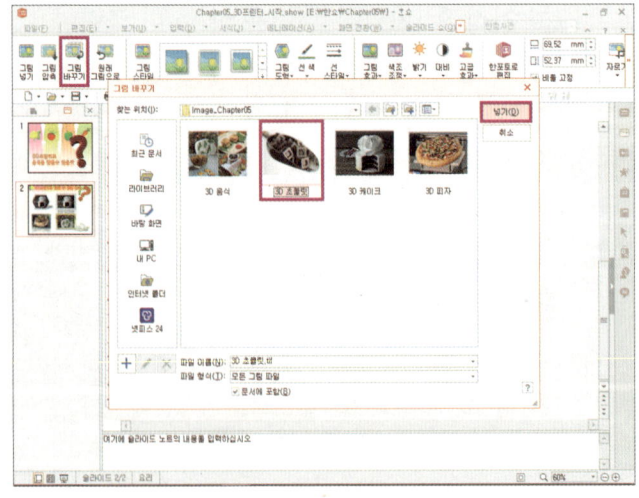

1 지진 발생 시 행동요령을 학습하고, 그림 넣기, 자르기, 바꾸기 기능을 이용하여 올바른 경우에 알맞은 그림을 삽입해 봅니다.

`예제파일` Chapter05₩연습문제1_시작.show, 연습문제1 그림 폴더

2 국가지정문화재가 무엇인지 학습해 보고 그림 넣기, 자르기, 바꾸기 기능을 이용하여 올바른 문화재 그림을 삽입해 봅니다.

`예제파일` Chapter05₩연습문제2_시작.show, 연습문제2 그림 폴더

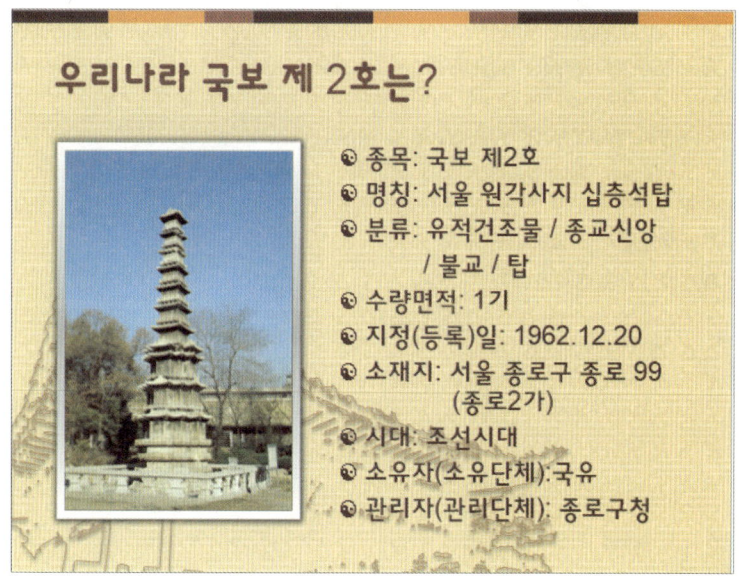

Chapter 06
한포토로 그림을 보정해 볼까?

철수와 영희가 가을들녘을 걷고 있는데 심술궂은 마녀가 나타나 색을 빼앗아버렸어요. '한포토 마법' 으로 철수와 영희의 색을 찾아주세요. 한포토 마법에 무엇이 있는지 알아보고 활용해 봅니다.

무엇을 배우나요?
★ 한포토 화면 설정에 대하여 학습합니다.
★ 한포토 보정 방법에 대하여 학습합니다.

완성화면 미리보기

수업 길잡이
- **난이도** ★★★☆☆
- **예제파일** Chapter06₩한포토 마법_시작.show
- **학습기능** 한포토 화면 설정, 한포토 화면 보정

🔍 **이 학습과 예제를 통해** 한쇼에 탑재되어 있는 한포토의 화면구성을 살펴보는 시간을 가져보아요. 학습한 한포토의 구성요소를 활용하여 화면을 원하는 대로 설정하고, 간단한 보정 기능을 이용하여 사진을 선명하고 밝게 조절하여 꾸밀 수 있어요.

 한포토 화면 설정하기

1. 예제파일을 열고 네 번째 슬라이드로 이동한 뒤 '철수와 영희' 그림을 선택하고 [그림] 탭()-[한포토로 편집]( )을 클릭하여 한포토를 실행합니다.

2. 한포토 메뉴가 실행되면 왼쪽 아래 분할( ) 기능을 사용해 원하는 형태로 분할 지정합니다.

3. 그림 가운데 아래의 크기 조절( ) 기능을 사용하여 원하는 크기로 지정합니다.

4. 그림 오른쪽 아래 크기 조절 기능 옆의 크기 조절 바( ) 기능을 사용해 화면을 확대/축소합니다.

한포토로 보정하기

1 오른쪽 [간편 보정] 작업 창에서 [밝게], [어둡게], [선명하게], [색상을 풍부하게] 등 여러 기능을 클릭해 실행합니다. 변화를 살폈다면 [재설정]을 클릭해 처음으로 되돌립니다.

> **TIP**
> [간편 보정] 작업 창에서 [자세히]를 클릭하면 해당 효과의 단계를 설정할 수 있습니다.

2 [간편 보정] 작업 창에서 [어둡게]-[5단계], [선명하게]-[5단계], [색상을 풍부하게]-[5단계], [날씬하게]-[5단계]를 선택합니다.

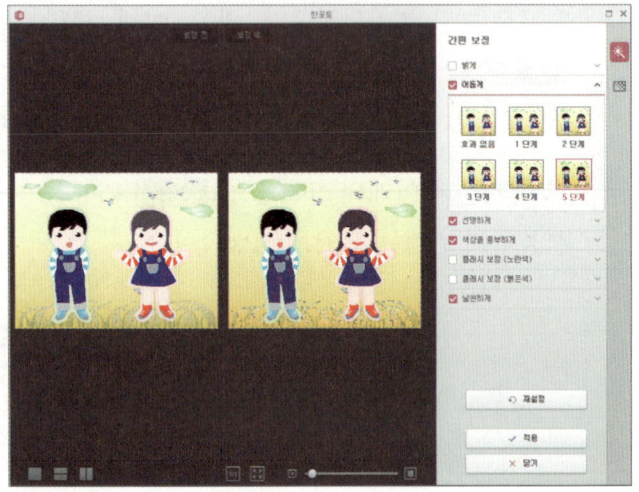

3 보정 전과 보정 후의 색을 비교합니다. 모두 확인하였으면 [적용]을 클릭하고 완성된 그림을 크기 조절점으로 액자에 맞게 조절합니다.

4 F5 를 눌러 슬라이드 쇼를 실행시켜 철수와 영희의 마법 이야기를 감상합니다.

1 한포토 기능을 이용해서 흐릿하고 밝기만한 사진을 선명하고 뚜렷한 사진으로 보정해 봅니다.

예제파일 Chapter06₩연습문제1_시작.show

2 한포토의 간편 보정 기능을 이용해서 여러 사진들의 밝기와 선명도 보정, 플래시 보정을 해 선명하고 멋진 사진을 만들어 봅니다.

예제파일 Chapter06₩연습문제2_시작.show

Chapter 07 한포토로 그림의 배경을 지워볼까?

철수와 영희가 심술궂은 마녀에게 빼앗긴 색은 '한포토 마법'으로 다행히 다시 찾았어요. 색을 찾고 나니 가을들녘이 깜깜한 밤이 되었어요. 한포토를 이용하여 배경 색을 투명하게 만들어 가을들녘을 밤하늘로 바꿔주세요.

무엇을 배우나요?

★ 한포토 인접 영역 배경 제거 방법에 대하여 학습합니다.
★ 한포토 테두리/유사 색상 범위 설정 방법에 대하여 학습합니다.

완성화면 미리보기

수업 길잡이

난이도	★★★★☆
예제파일	Chapter07₩한포토 마법2_시작.show
학습기능	한포토 인접 배경 제거, 테두리/유사 색상 범위 설정

🔍 **이 학습과 예제를 통해** 한쇼에 탑재되어 있는 한포토에 대하여 심화 학습할 수 있어요. 한포토의 인접 영역 설정 기능으로 배경을 제거하고, 테두리/유사 색상 범위의 수치를 설정하여 배경을 자연스럽게 투명한 색으로 만들 수 있어요.

 ## 한포토 인접 영역 배경 제거하기

1 예제파일을 열고 여섯 번째 슬라이드로 이동한 뒤 '철수와 영희' 그림을 선택하고 [그림] 탭( )-[한포토로 편집]( )을 클릭하여 한포토를 실행합니다.

2 한포토 메뉴가 실행되면 오른쪽 위의 [투명 효과]( )를 클릭해 기능을 활성화합니다.

3 [인접 영역만 적용]이 선택 해제 상태로 되어 있으면 인접하지 않은 곳의 영역도 유사 색상을 찾아 투명색으로 지정합니다. [인접 영역만 적용]이 선택되어 있으면 클릭한 지점과 인접한 곳만 투명색으로 적용됩니다.

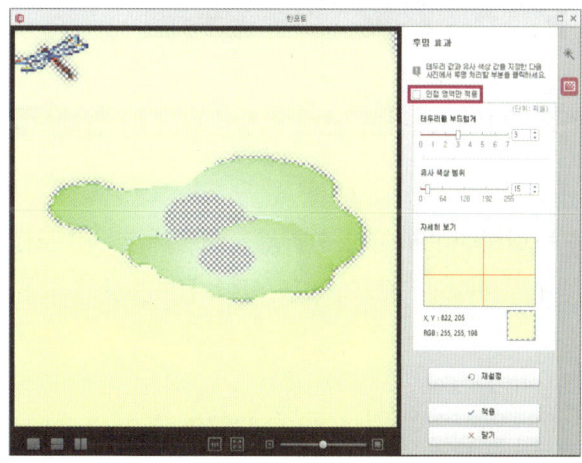
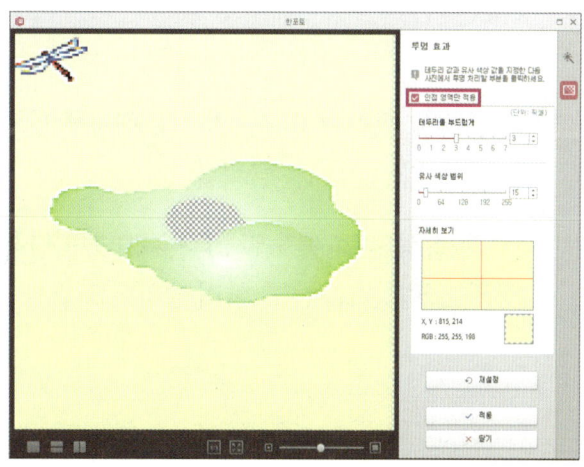

CHAPTER 07 한포토로 그림의 배경을 지워볼까?   33

한포토 테두리·유사 색상 범위 설정하기

1 분할 기능에서 [단일화면]을 선택합니다. [테두리를 부드럽게]를 조정하여 투명색으로 변경할 때 그림과 그림 사이의 경계선(테두리)의 부드러움 정도를 지정합니다.

2 [유사 색상 범위]를 조정하여 투명색으로 변경할 때의 유사 색상으로 인정하는 범위를 설정합니다.

> **TIP**
> [테두리를 부드럽게]는 숫자가 높을수록 경계선이 부드러워지고, [유사 색상 범위]는 숫자가 높으면 높을수록 유사 색상으로 인정하는 범위가 넓어집니다.

3 어떤 변화가 있는지 확인하고 [재설정]을 클릭하여 처음으로 되돌립니다.

4 [테두리를 부드럽게]를 '3', [유사 색상 범위]는 '26'으로 설정하고 배경을 투명하게 만들 곳을 클릭합니다. 배경 색을 투명하게 만들었으면 [적용]을 클릭합니다.

5 완성된 그림은 크기 조절점으로 액자에 맞게 조절합니다. 그림이 선택된 상태에서 [그림] 탭( )-[그림 스타일]( )을 클릭합니다.

6 [개체 속성] 대화상자에서 [채우기] 탭-[단색]을 클릭하여 [색]-[강조 1 70% 어둡게]로 선택하고 [설정]을 클릭한 뒤, F5를 눌러 슬라이드 쇼를 실행시켜 철수와 영희의 마법 이야기를 감상합니다.

연습문제 풀어보기!

1 한포토의 [인접 배경 제거]와 [테두리 유사 색상 범위 설정]을 조절하여 장난감의 배경을 지우고 채우기 색을 변경해 색다른 사진을 만들어 봅니다.

예제파일 Chapter07₩연습문제1_시작.show

2 한포토의 [인접 배경 제거]와 [테두리 유사 색상 범위 설정]을 조절하여 여러 사진의 배경을 지우고 채우기 색을 변경해 여러 가지 유쾌한 사진을 만들어 봅니다.

예제파일 Chapter07₩연습문제2_시작.show

Chapter 08 바다에 구멍이 난다면?

여러분은 어떤 엉뚱한 상상을 할 때가 있나요? 혹시 바다에 구멍이 난다면 어떻게 될지 상상해 봤나요? 바다 그림에 도형을 삽입하고 효과 설정을 해 상상력을 자극해 봅니다. 바다에 구멍이 생기면 어떤 일이 일어날지 생각해보고 슬라이드를 꾸며보세요.

무엇을 배우나요?

★ 도형을 삽입하는 방법을 학습합니다.
★ 도형 스타일을 설정하는 방법에 대하여 학습합니다.
★ 도형 효과를 설정하는 방법에 대하여 학습합니다.

완성화면 미리보기

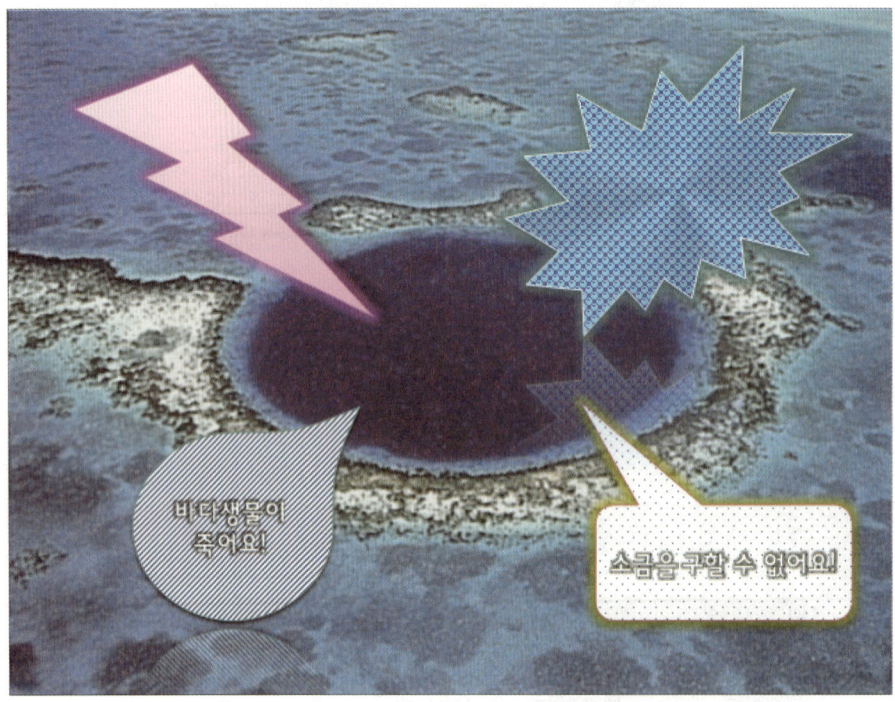

수업 길잡이

- 난이도 ★★★★☆
- 예제파일 Chapter08₩바다_시작.show
- 학습기능 도형 삽입, 스타일/효과 설정

🔍 **이 학습과 예제를 통해** 바다에 구멍이 난다면 어떤 일이 일어날지 엉뚱한 상상을 해보며 창의력을 기릅니다. 그 엉뚱한 상상력으로 여러 가지 도형을 삽입하고 스타일 지정, 효과 설정을 통해 상상력을 더할 수 있어요. 내 마음대로 화려한 슬라이드로 꾸밀 수 있어요.

도형 삽입하고 도형 스타일 설정하기

1. 예제파일을 열고 두 번째 슬라이드로 이동한 뒤 [입력] 탭-[도형] 테마의 [자세히]를 클릭하여 [별 및 현수막]-[폭발 2]를 선택합니다.

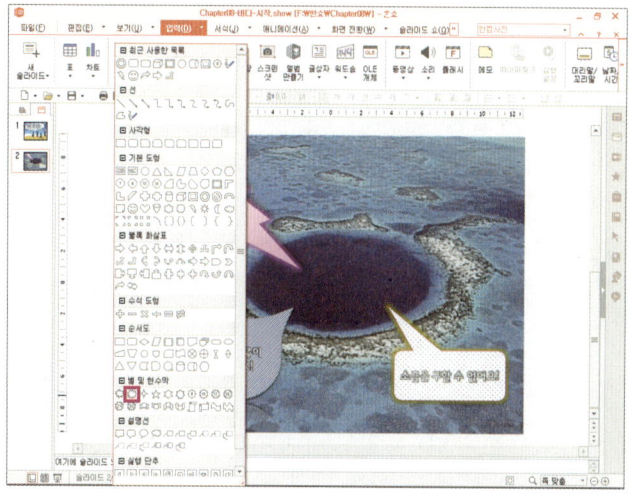

2. 마우스가 십자가 모양(+)이 되면 드래그하여 크기를 조절하고 [도형] 탭( )-[도형 스타일] 테마의 [자세히]를 클릭하여 [보통효과-강조5]를 선택합니다.

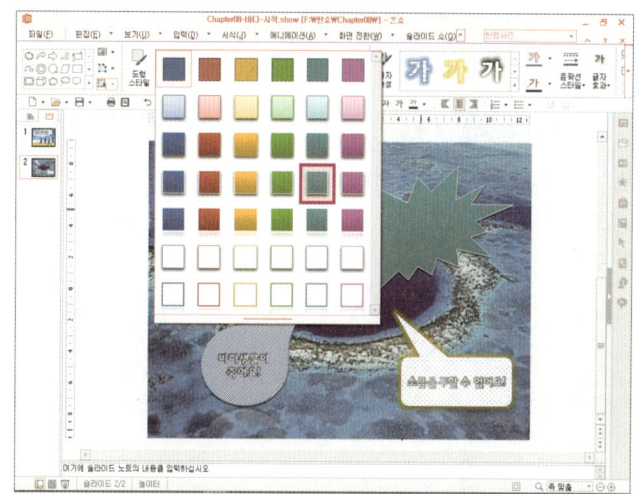

3. [도형] 탭( )-[채우기 색]( ) 펼침 단추( )를 클릭하여 [무늬]-[다른 무늬]를 선택합니다.

4. [개체 속성] 대화상자에서 [채우기] 탭-[무늬]-[종류]-[무늬42], [전경 색]-[시안], [배경 색]-[파랑]으로 설정하고 [설정]을 클릭합니다.

> **TiP**
> [개체 속성] 대화상자의 탭을 이동하면서 도형의 모든 설정이 가능합니다.

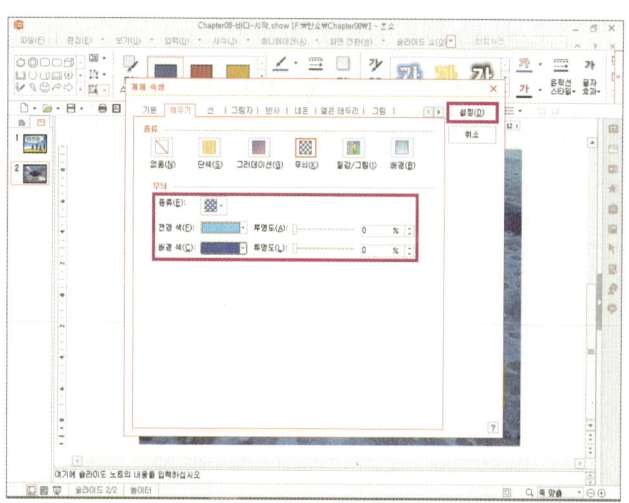

CHAPTER 08 바다에 구멍이 난다면? 37

 ## 도형 효과 설정하기

1 [도형] 탭()-[도형 효과](□)를 클릭하여 [그림자]-[대각선 왼쪽 위]를 선택합니다.

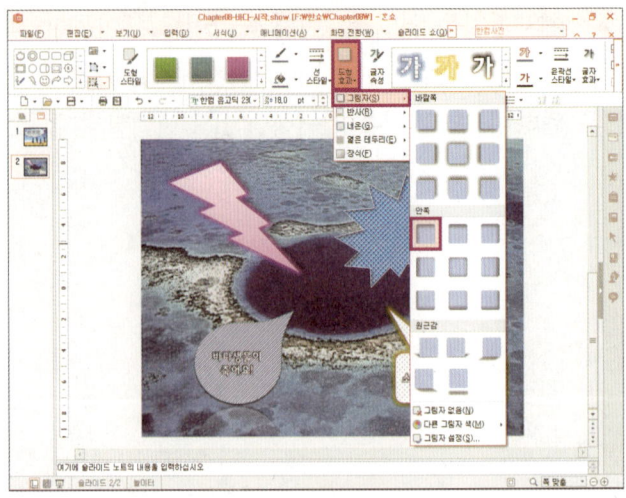

2 [도형] 탭(□)-[도형 효과](□)를 클릭하여 [반사]-[1/2 크기, 근접]을 선택하고 [도형 효과](□)를 다시 클릭하여 [네온]-[강조색5, 15pt]를 선택합니다.

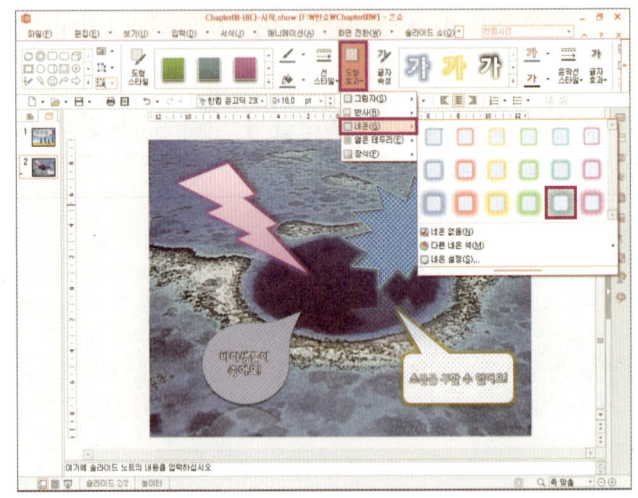

3 [도형] 탭(□)-[도형 효과](□)을 클릭하여 [장식]-[기본 장식8]을 선택합니다.

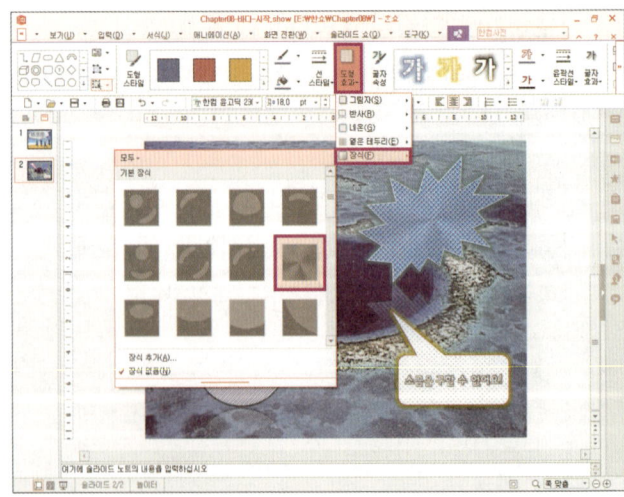

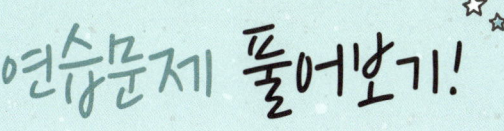

1 무더운 여름 주간 폭염 주의보가 발령되었다고 합니다. 도형을 이용하여 온도계 모양을 만들고 효과를 적용해 봅니다.

예제파일 Chapter08₩연습문제1_시작.show

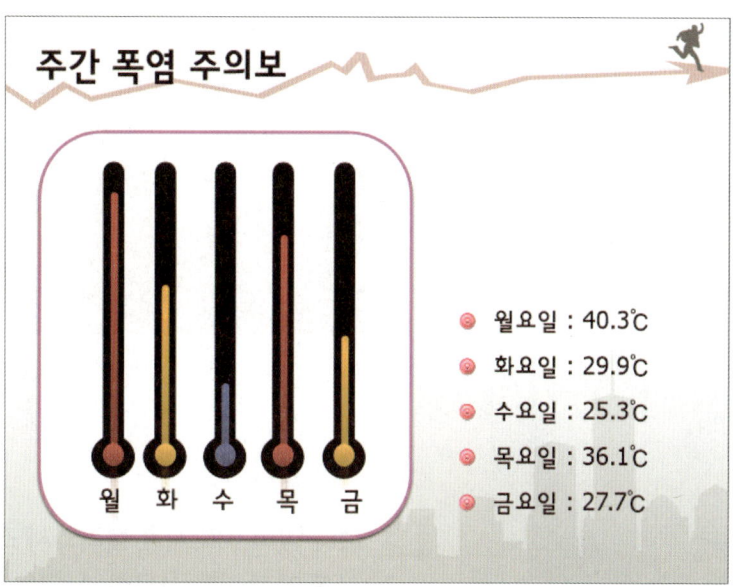

2 2018년 평창동계올림픽 설명 자료에 도형을 삽입하고 올림픽 대표 색상을 도형 색상으로 지정하여 역동적 슬라이드로 만들어 봅니다.

예제파일 Chapter08₩연습문제2_시작.show

Chapter 01-08 단원평가

1 프레젠테이션 전문 한컴오피스 NEO 한쇼 확장자는?

① ppt ② hwp
③ cell ④ show

2 다음과 같이 [상승] 테마를 선택했을 때 다양한 (　)을 사용할 수 있습니다. (　) 안에 알맞은 기능은?

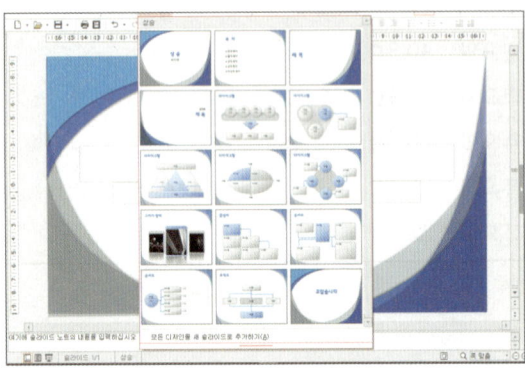

① 개요 ② 디자인마당
③ 구역 ④ 새 슬라이드

3 다음 설명 중 올바르지 않은 것은?

① 한쇼에서 파워포인트 자료를 불러와 편집할 수 있다.
② 그림 파일은 [파일] 탭-[불러오기]에서 슬라이드로 가져온다.
③ 한쇼 자료는 pptx로 저장할 수 있다.
④ 점자로 바꾸어 저장 가능하다.

4 다음 슬라이드의 워드숍 제목에 대해 적용된 글자 효과는?

① 그림자 ② 반사
③ 네온 ④ 변환

5 여러 장의 이미지를 불러와서 스티커 및 테두리 등의 효과를 사용할 수 있는 한쇼 기능은?

① 그리기마당
② 사진 꾸미기
③ 플래시 입력
④ OLE 개체

6 다음 중 한쇼에서 제공하지 않는 기능은?

① 번역
② 한컴 사전
③ 한포토
④ 텍스트 나누기

정답 1 ④ 2 ② 3 ② 4 ④ 5 ② 6 ④

7 커서가 있는 위치와 상관없이 1장부터 시작할 수 있는 슬라이드 쇼 단축키는?

① F5　　② F4
③ F3　　④ F2

8 다음 슬라이드의 '씨름' 글자 그림의 바깥쪽 테두리에 적용된 효과는?

① 그림자　　② 반사
③ 네온　　　④ 대비

9 다음 설명 중 올바르지 않은 것은?

① 그림은 Shift 를 누르고 자를 수 있다.
② 잘려진 그림은 원본으로 되살릴 수 있다.
③ 그림의 위치를 변하지 않고 바꾸기 가능하다.
④ 필름, 질감, 스케치 등의 고급 효과를 제공한다.

10 [앨범 만들기]에 대한 설명으로 잘못된 것은?

① [입력] 탭에서 선택할 수 있다.
② 사진 자료를 불러와 사용할 수 있다.
③ 사진의 배경 테마를 선택할 수 있다.
④ 앨범 만들기에서는 그림으로만 저장 가능하다.

11 다음 설명 중 올바른 것은?

① 한쇼에서 자주 사용하는 디자인은 OLE 개체에서 골라 사용한다.
② 그림 자료는 포토 디자인 기능으로 입력한다.
③ 도형 자료는 스마트아트에서 찾아 작성한다.
④ 글자의 다양한 서식이 미리 설정된 워드숍을 제공한다.

정답　7① 8③ 9① 10④ 11④

Chapter 09
공포영화를 보면 정말 시원해질까?

무더운 여름이면 공포영화가 많이 개봉합니다. 여러분들은 무서운 공포영화를 보면 좀 시원해지는 것 같은 느낌이 들지 않나요? 그럼 정말 공포영화를 보면 시원해지는 걸까요? 도형 서식을 이용하여 재미있게 학습해 봅니다.

무엇을 배우나요?
★ 도형의 채우기 서식을 활용하는 방법을 학습합니다.
★ 도형의 테두리 서식을 활용하는 방법을 학습합니다.

완성화면 미리보기

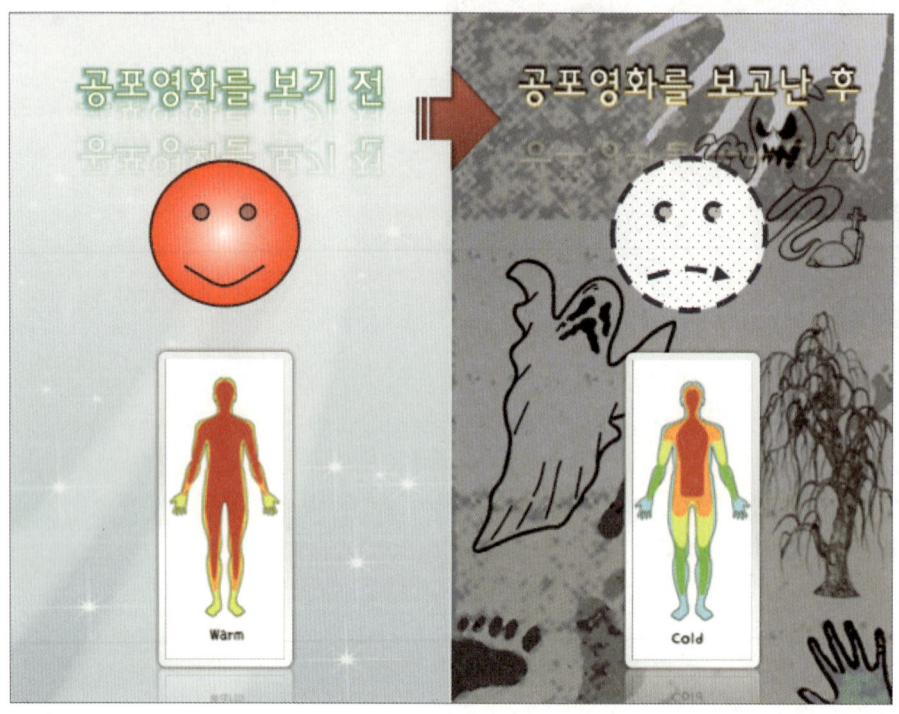

수업 길잡이
- 난이도 ★★★☆☆
- 예제파일 Chapter09₩공포영화_시작.show
- 학습기능 도형 채우기 서식 설정, 테두리 서식 설정

🔍 **이 학습과 예제를 통해** 왜 공포영화를 보면 서늘해지는 기분이 드는지에 대하여 이해할 수 있어요. 도형 채우기 서식을 이용하여 어떤 온도의 변화가 있는지 나타내고, 도형 테두리 서식을 이용하여 재미있는 도형을 만들어 표현해 볼 수 있어요.

 ## 도형 채우기 서식 설정하기

1. 예제파일을 열고 세 번째 슬라이드로 이동한 뒤 왼쪽의 빨간 스마일 도형을 선택한 상태에서 [도형] 탭( )-[도형 스타일]( )을 클릭합니다.

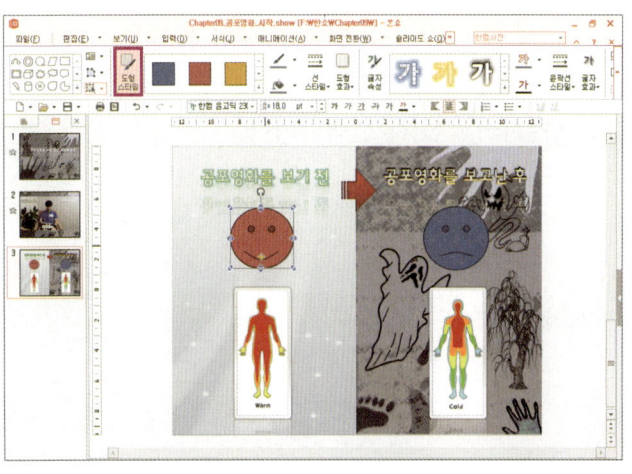

> **TIP**
> F5를 눌러 첫 번째 슬라이드 유령이 움직이는 것을 확인해보세요.

2. [개체 속성] 대화상자의 [채우기] 탭-[종류]-[그러데이션]을 선택하고 [그러데이션]-[종류]-[경로형]을 선택합니다.

3. [중지점]-[중지점] 펼침 단추( )를 클릭하여 [중지점1]을 선택하고 [색]도 같은 방법으로 [흰색]으로 선택하여 설정합니다. [중지점2]는 빨간색으로 선택하고 [설정]을 클릭합니다.

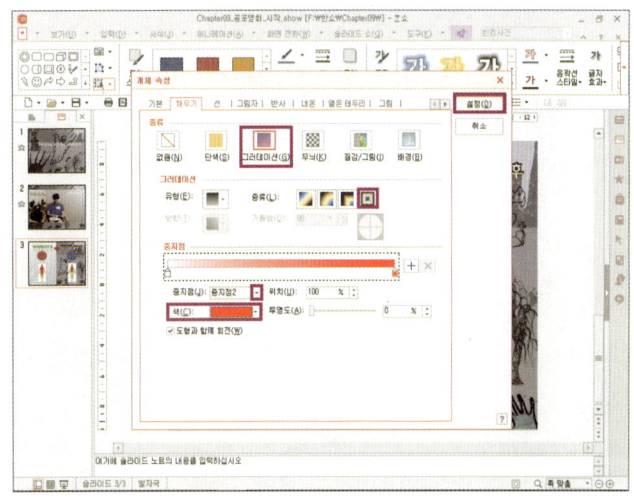

> **TIP**
> [중지점]-[색]에서 선택하여 지정하는 방법 이외에도 중지점을 나타내는 크레파스 모양( )을 더블 클릭하여 색을 바로 지정할 수도 있습니다.

4. 파란색 스마일 도형도 마찬가지 방법으로 도형을 선택한 상태에서 [도형] 탭( )-[도형 스타일]( )을 클릭합니다.

5. [개체 속성] 대화상자의 [채우기] 탭-[무늬]를 선택하고 [무늬]-[종류] 펼침 단추( )를 클릭하여 [무늬1]로 선택하고 [설정]을 클릭합니다.

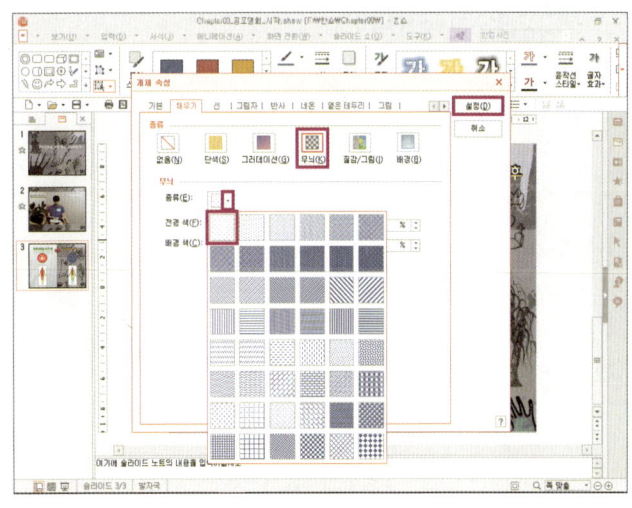

CHAPTER 09 공포영화를 보면 정말 시원해질까? 43

 ## 도형 테두리 서식 설정하기

1. 파란색 스마일 도형을 선택한 상태에서 [도형] 탭( )-[선 스타일]( )을 클릭하여 [선 종류]-[파선]을 선택합니다.

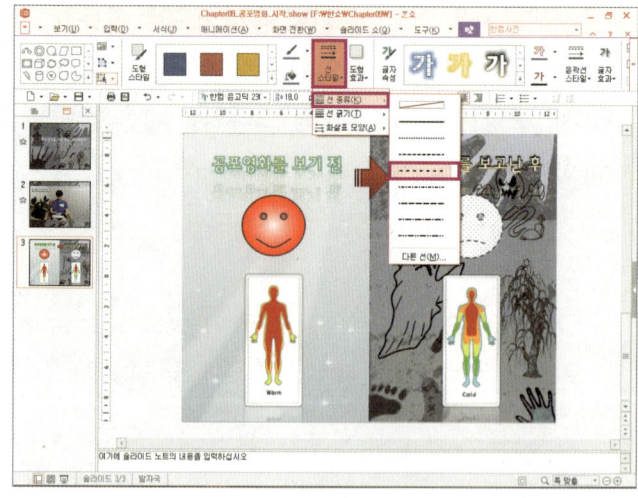

2. [선 스타일]( )-[선 굵기]-[4.5pt]를 선택합니다.

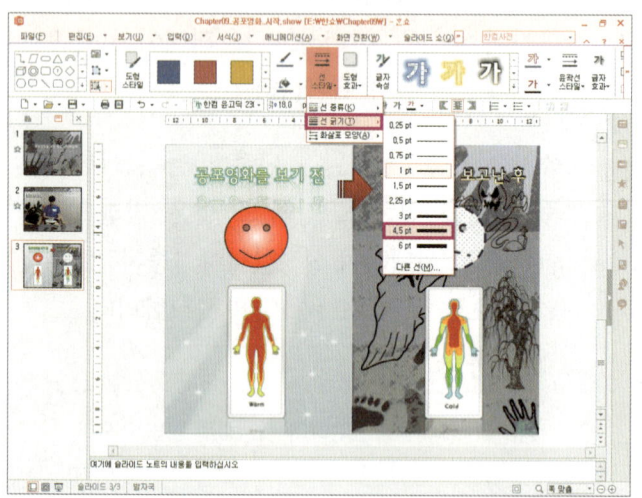

3. [선 스타일]( )-[화살표 모양]-[화살표 끝 모양]을 선택합니다.

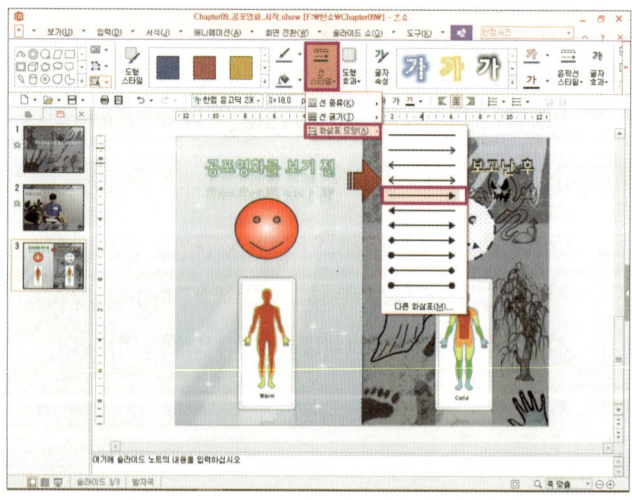

연습문제 풀어보기!

1 재활용품은 어떻게 순환되고 있는지 이해하기 위한 다이어그램을 도형 채우기 서식과 도형 테두리 서식을 이용하여 꾸며 봅니다.

예제파일 Chapter09₩연습문제1_시작.show

2 2018년 평창동계올림픽 홍보 동영상을 보여주는 버튼을 도형을 이용하여 만들었습니다. 동영상과 연결되어있는 도형을 도형 채우기 서식과 도형 테두리 서식을 이용하여 꾸며 봅니다.

예제파일 Chapter09₩연습문제2_시작.show

CHAPTER 09 공포영화를 보면 정말 시원해질까? 45

Chapter 10
물속에서도 꺼지지 않는 불꽃이 있을까?

불꽃은 물을 만나면 꺼지는 것이 상식입니다. 그렇지만 물속에서도 꺼지지 않는 불꽃이 있을 수 있지 않을까요? 물속에서도 꺼지지 않는 불꽃을 만드는 실험 자료의 도형을 그림 채우기, 모양 변경, 모양 복사를 적용해 멋진 자료로 만들어 봅니다.

무엇을 배우나요?

★ 도형에 그림을 채우는 방법을 학습합니다.
★ 도형의 모양을 변경하는 방법을 학습합니다.
★ 도형의 모양을 복사하는 방법을 학습합니다.

완성화면 미리보기

수업 길잡이

난이도	★★★★☆
예제파일	Chapter10₩불꽃_시작.show, 물방울.png, 불꽃.png
학습기능	도형 그림 채우기, 도형 모양 변경, 도형 모양 복사

🔍 **이 학습과 예제를 통해** 물속에서도·불꽃이 꺼지지 않으려면 어떻게 해야 하는지 실험 결과 자료를 작성하며 익힐 수 있어요. 실험에 맞게 도형 모양을 변경하고, 도형에 그림을 채우고, 설정한 도형을 다른 슬라이드에 복사하는 등 실험 결과 자료를 멋지게 만들 수 있어요.

 ## 도형 그림 채우기

1. 예제파일을 열고 첫 번째 슬라이드를 선택한 뒤 물방울 모양의 도형을 선택한 후 [도형] 탭 ()-[채우기 색]( ) 펼침 단추( )를 클릭하여 [그림]을 선택합니다.

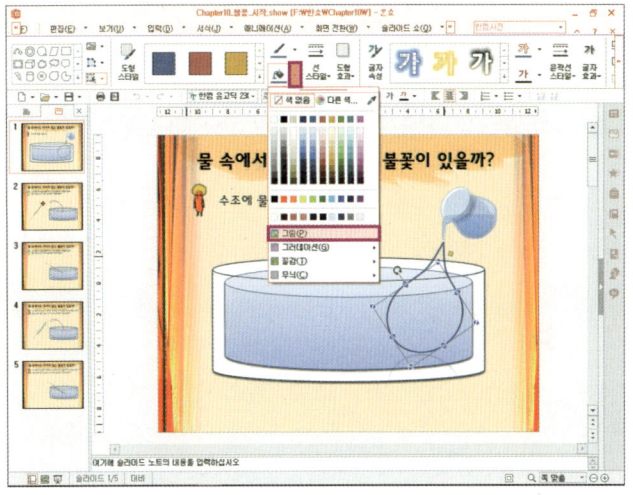

2. [그림 넣기] 대화상자에서 '물방울.png'를 선택하고 [넣기]를 클릭합니다.

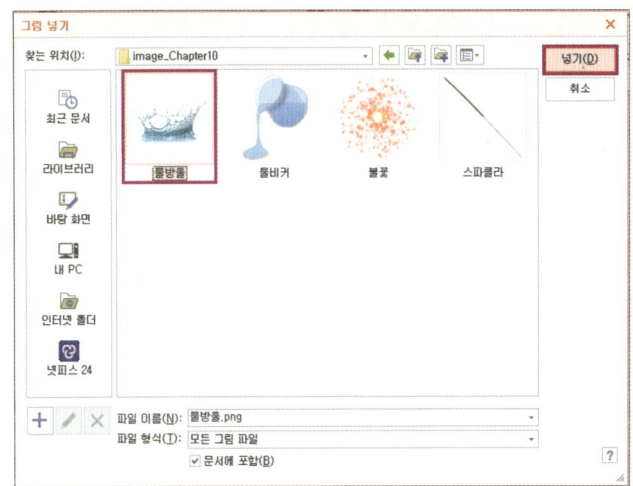

3. 두 번째 슬라이드의 사각 도형을 클릭하여 위와 같이 채우기 색을 이용하여 '불꽃.png'를 삽입합니다.

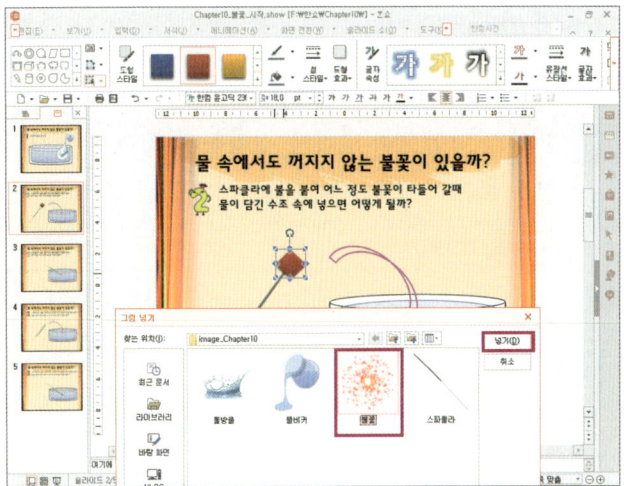

도형 모양 변경하고 복사하기

1 불꽃 그림으로 채우기 색을 바꾼 사각 도형이 선택된 상태에서 [그림] 탭( )-[그림 도형]( )을 클릭하여 [포인트가 32개인 별]을 선택합니다.

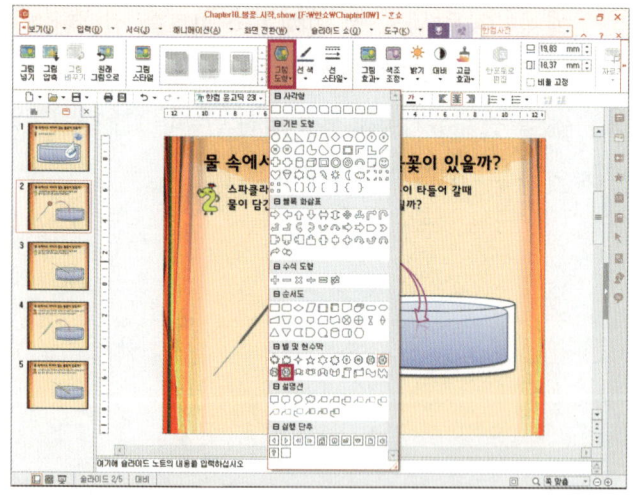

2 다음 단계인 도형 복사가 끝나면 다른 슬라이드의 도형도 다른 모양으로 변경합니다. 채우기 색으로 그림이 들어가고 모양이 변경된 도형이 선택된 상태에서 마우스 오른쪽 버튼을 눌러 [복사하기]를 선택합니다.

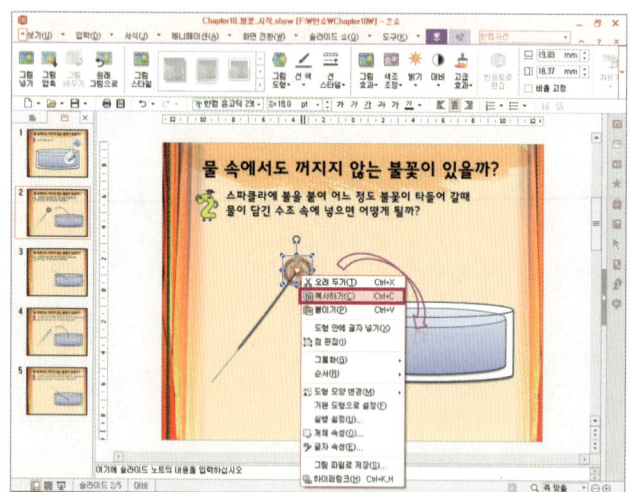

3 네 번째 슬라이드로 이동한 뒤 기름종이가 감싸진 스파클라 위에서 마우스 오른쪽 버튼을 눌러 [붙이기]를 선택합니다.

4 복사가 되었으면 도형을 스파클라 위로 이동시킵니다. 같은 방식으로 다섯 번째 슬라이드에도 불꽃 도형을 복사하고 위치에 맞게 이동합니다.

> **TIP**
> 복사 후 붙여넣기는 마우스 오른쪽 버튼을 이용하여 작업할 수도 있지만 키보드를 이용하면 조금 더 편리해요. '복사'는 `Ctrl`+`C`, '붙여넣기'는 `Ctrl`+`V`로 단축키를 이용해 쉽게 복사하고 붙여넣을 수 있습니다.

> **TIP**
> 마우스 드래그로 이동하기 어려운 부분은 이동할 개체를 선택하고 키보드 이동 화살표로 이동하여 작은 움직임을 조절할 수 있습니다.

연습문제 풀어보기!

1 하늘 높이 날 수 있는 열기구 풍선의 원리를 나타낼 수 있도록 도형을 그림으로 채우고, 모양 변경해 봅니다.

`예제파일` Chapter10₩연습문제1_시작.show, 연습문제1 그림 폴더

2 2018년 평창동계올림픽 마스코트를 도형 모양 복사, 그림 채우기, 모양 변경으로 꾸며 봅니다.

`예제파일` Chapter10₩연습문제2_시작.show, 연습문제2 그림 폴더

CHAPTER 10 물속에서도 꺼지지 않는 불꽃이 있을까? **49**

Chapter 11
엘리베이터를 타고 내려오면 몸무게가 줄어들까?

엘리베이터를 타고 내려올 때 가벼워지는 느낌이 드는 이유는 왜일까요? 정말 몸무게가 줄어드는 걸까요? 디자인마당을 이용하여 슬라이드 목차를 만들고 도형(그림)을 이용하여 엘리베이터를 타고 내려오면 몸무게가 줄어드는지에 대한 자료를 만들어 봅니다.

무엇을 배우나요?

★ 디자인마당을 설정하는 방법을 학습합니다.
★ 개체 묶기/풀기를 활용하는 방법을 학습합니다.
★ 도형 개체를 맞추는 방법을 학습합니다.

완성화면 미리보기

수업 길잡이

- **난이도** ★★★☆☆
- **예제파일** Chapter11₩엘리베이터_시작.show
- **학습기능** 디자인마당, 개체 묶기/풀기, 도형 개체 맞춤

🔍 **이 학습과 예제를 통해** 엘리베이터를 타면 가벼워지는 느낌이 드는 이유가 무엇인지 디자인마당을 이용하여 슬라이드 목차를 만들며 익히고, 개체 묶기/풀기, 도형 개체 맞춤을 이용해서 사람들을 엘리베이터에 태워보세요.

디자인마당으로 목차 만들기

1. 예제파일을 열고 첫 번째 슬라이드를 클릭한 뒤 [편집] 탭-[디자인마당]( )을 클릭하여 [목차 디자인]을 선택해 목차 슬라이드를 삽입합니다.

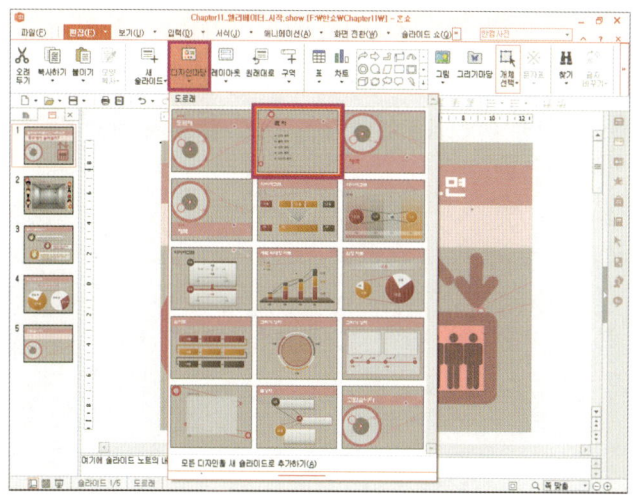

2. 글상자에 세 번째 슬라이드, 네 번째 슬라이드 제목을 확인하여 목차를 작성한 후 [글자 크기]를 '32pt'로 설정합니다.

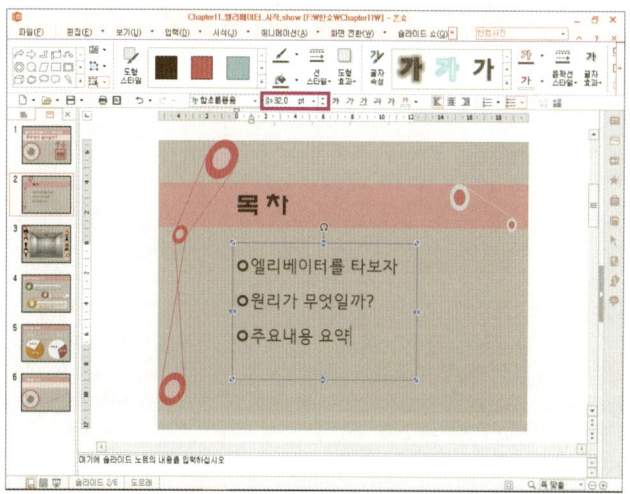

 개체 풀기

1. 세 번째 슬라이드에서 왼쪽 사람 그림을 선택한 뒤 [그림] 탭()-[그룹](📐)을 클릭하여 [개체 풀기]를 선택하여 한 사람씩 개체를 풀어줍니다.

2. 같은 방법으로 오른쪽 사람들도 한사람씩 개체를 풀어줍니다.

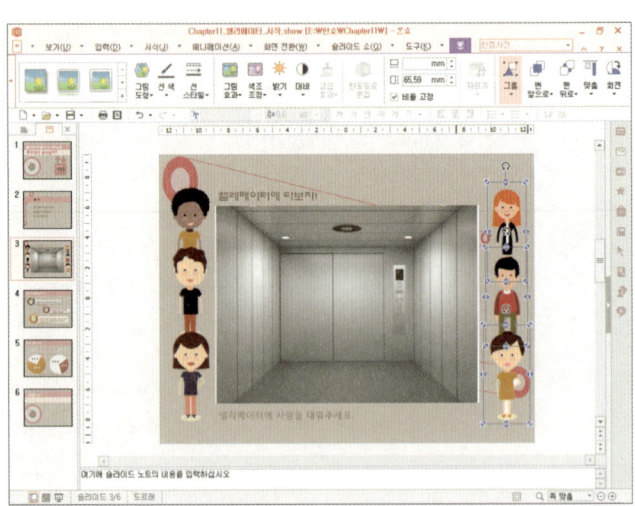

> **TIP**
> 여러 그림을 클릭하고 마우스 오른쪽 버튼을 눌러 [그룹화]를 선택하거나 [그룹 해제]를 선택해 개체를 묶고 풀 수 있습니다.

 도형 개체 맞추기

1. 오른쪽 세 사람들이 모두 선택된 상태에서 Ctrl 을 누르고 왼쪽 세 사람을 클릭하여 6개의 개체를 모두 선택합니다. [그림] 탭()-[맞춤]을 클릭하여 [아래쪽 맞춤]을 선택합니다.

2. [그림] 탭()-[맞춤]을 클릭하여 [가로 간격 동일하게]를 선택합니다.

3. 일렬로 세운 후에 한명씩 엘리베이터에 태워 줍니다.

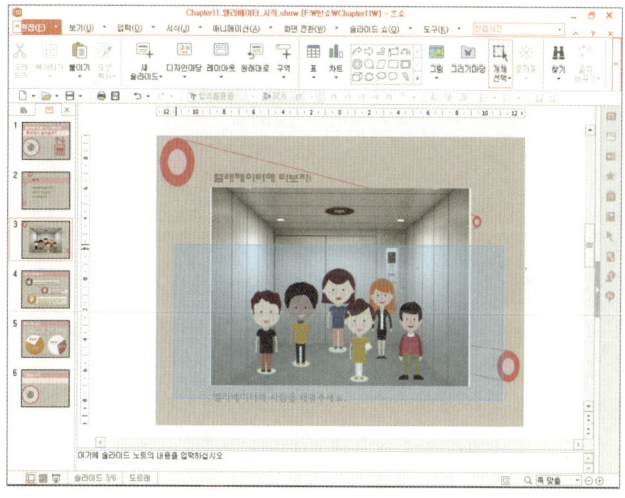

# 개체 묶기

1 사람들을 태웠으면 다음과 같이 드래그하여 사람 그림을 모두 선택합니다.

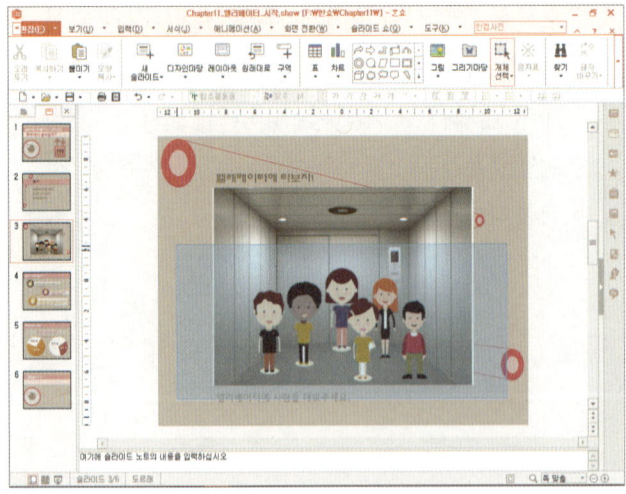

2 [그림] 탭( )-[그룹]( )을 클릭하여 [개체 묶기]를 선택하여 한 개의 개체로 묶어줍니다.

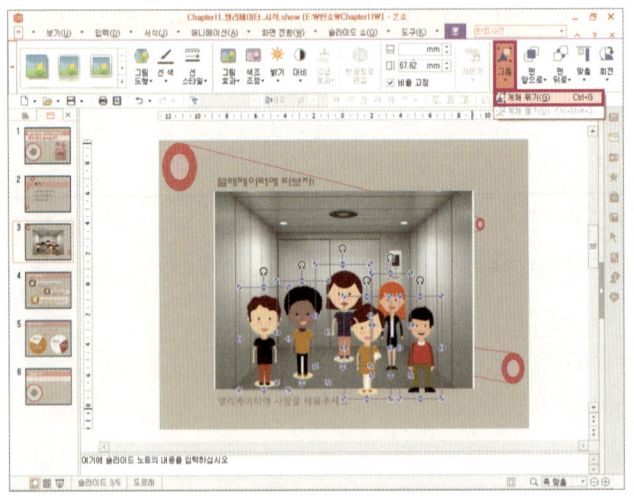

3 묶은 개체의 크기를 조절하여 엘리베이터에 배치합니다.

> **TIP**
> 개체를 묶지 않고 도형(그림)을 전체 선택하여 크기를 조절하면 배치한 위치에 변화가 생기는데 개체를 묶은 후 크기를 조절하면 배치한 위치가 변하지 않고 크기를 조절할 수 있습니다.

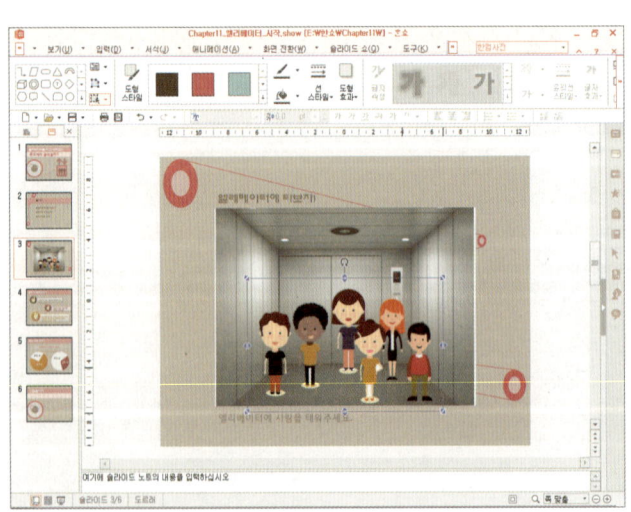

1 한쇼를 이용해서 인형 옷 입히기가 가능합니다. 개체 묶기/풀기, 개체 맞춤을 이용하여 사람 그림을 꾸미고 디자인마당으로 새로운 슬라이드를 만들어 배치해 봅니다.

`예제파일` Chapter11₩연습문제1_시작.show

2 한쇼를 이용해서 강아지 꾸미기가 가능합니다. 디자인마당으로 슬라이드의 목차를 생성하고, 그림 개체 묶기/풀기, 개체 맞춤을 이용하여 꾸민 후 새로운 슬라이드를 만들어 배치해 봅니다.

`예제파일` Chapter11₩연습문제2_시작.show

Chapter 12
홀로그램을 직접 만들 수 있을까?

SF 영화에서 등장하는 신기한 홀로그램을 만들 수 있을까요? 홀로그램은 어떤 원리로 만들어지는 걸까요? 그림을 사각형이 아닌 자유로운 모양으로 잘라서 슬라이드에 맞게 삽입하고, 필요 없는 배경 색을 제거해서 홀로그램을 완성해 봅니다.

무엇을 배우나요?
★ 그림을 자유형으로 자르는 방법을 학습합니다.
★ 개체 순서를 지정하는 방법을 학습합니다.
★ 그림 배경 색을 제거하는 방법을 학습합니다.

완성화면 미리보기

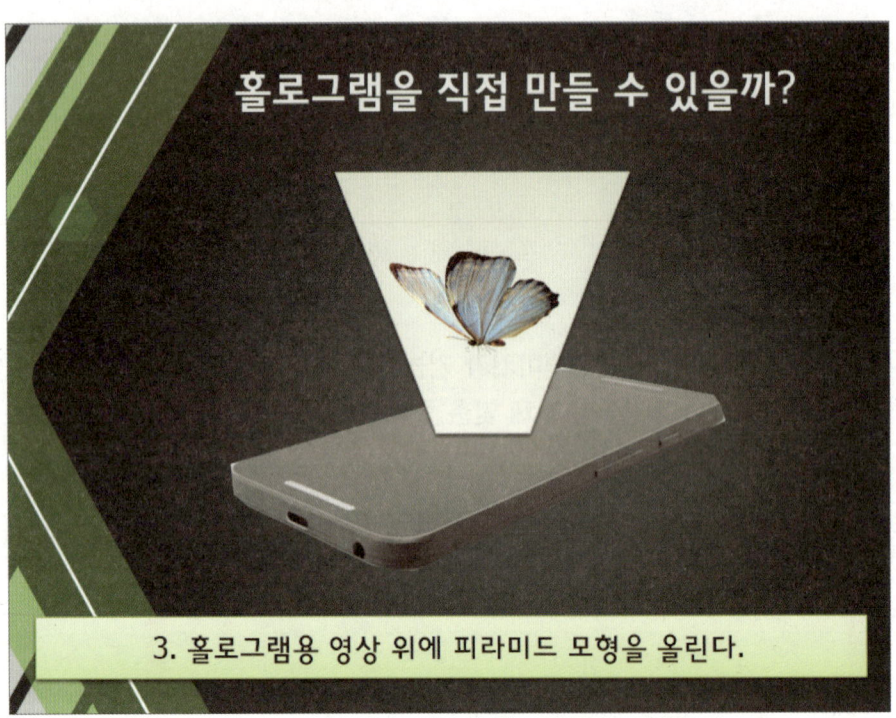

3. 홀로그램용 영상 위에 피라미드 모형을 올린다.

수업 길잡이
- 난이도: ★★★★☆
- 예제파일: Chapter12₩홀로그램_시작.show, 디스플레이.png, 나비.png
- 학습기능: 그림 자유형으로 자르기, 개체 순서, 그림 배경 색 제거

🔍 **이 학습과 예제를 통해** 홀로그램이 생기는 원리에 대하여 이해할 수 있어요. 홀로그램 만들기 실험을 위해 그림을 자유롭게 잘라 적절한 모양으로 만들고, 배경 색을 제거하여 나만의 나비 홀로그램을 만들 수 있어요. 또 그림의 배치 순서를 설정하여 홀로그램이 자연스럽게 나타나는 듯한 실험 슬라이드를 만들 수도 있어요.

 ## 그림 자유형으로 자르기

1 예제파일을 열고 네 번째 슬라이드를 클릭한 뒤 [입력] 탭-[그림](📷)을 클릭하여 [그림 넣기]를 선택합니다. [그림 넣기] 대화상자에서 '디스플레이.png'를 선택하고 [넣기]를 클릭합니다.

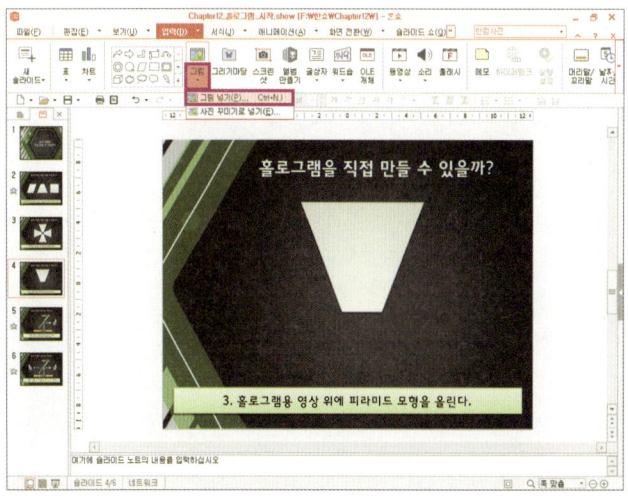

2 '디스플레이.png'를 선택한 상태에서 [그림] 탭(🖼)-[자르기](✂)를 클릭하여 [자유형으로 자르기]를 선택합니다.

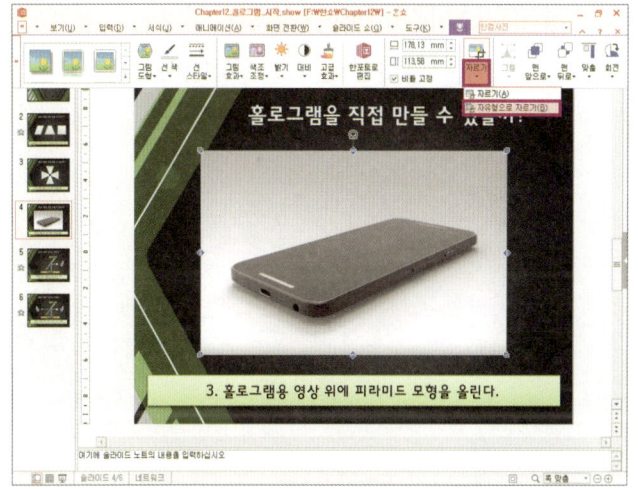

3 마우스 커서가 십자가 모양(+)이 되면 디스플레이 모양을 따라 클릭하여 자릅니다.

> **TIP**
> 자유형으로 자르기를 사용할 때는 처음 시작한 곳과 끝나는 곳이 같아야 합니다. 혹시 시작한 곳을 찾지 못하면 마우스를 더블클릭하세요. 더블클릭한 곳에서 처음 시작한 곳과 연결되어 마무리됩니다.

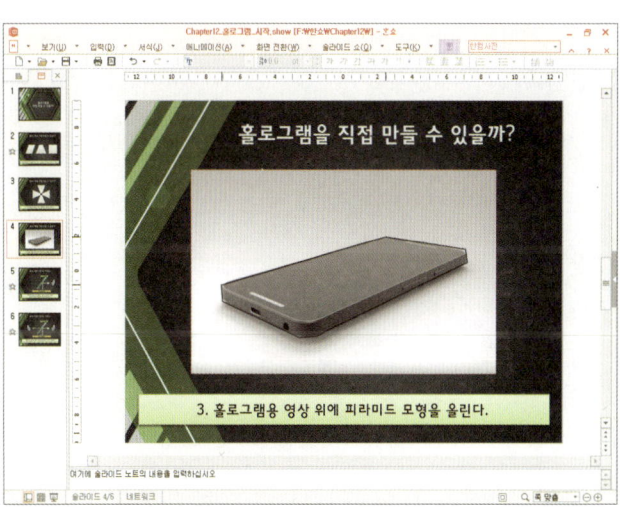

CHAPTER 12 홀로그램을 직접 만들 수 있을까? 57

개체 순서 정하기

1 자유형으로 자른 '디스플레이.png'를 선택한 후 [그림] 탭( )–[맨 뒤로]( )를 클릭합니다.

2 뒤로 간 '디스플레이.png'의 크기와 위치를 조절하여 사다리꼴 밑으로 조정합니다.

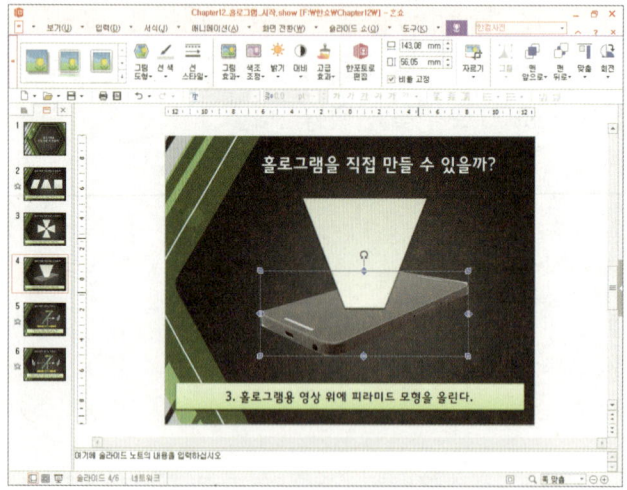

그림 배경 색 제거하기

1 [입력] 탭-[그림]()을 클릭하여 [그림 넣기]를 선택합니다. [그림 넣기] 대화상자에서 '나비.png'를 선택하고 [넣기]를 클릭합니다.

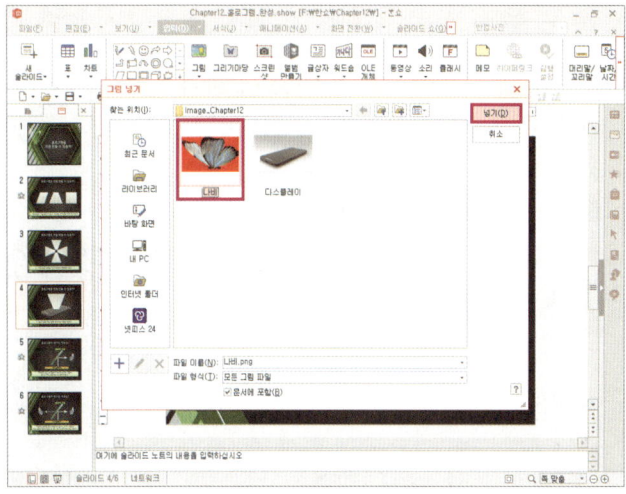

2 '나비.png'가 선택된 상태에서 [그림] 탭( )-[색조 조정]( )을 클릭하여 [투명한 색 설정]을 선택합니다.

3 마우스 커서가 변경되면 '나비.png'의 빨간 배경을 클릭해 배경 색을 제거하고 크기 조절점으로 크기를 조절하여 사다리꼴 안에 넣습니다.

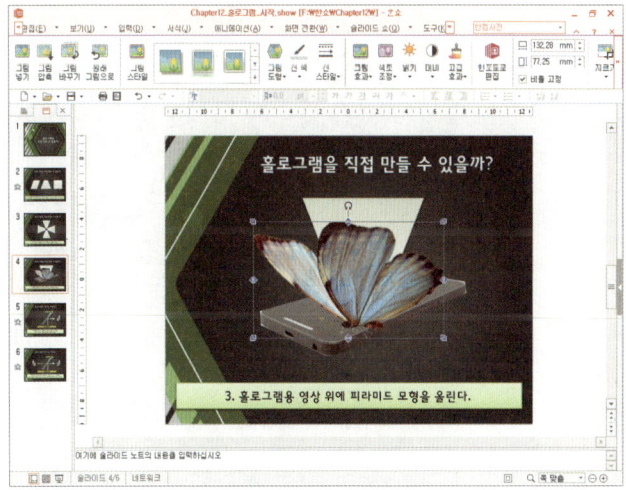

CHAPTER 12 홀로그램을 직접 만들 수 있을까?

연습문제 풀어보기!

1 우리나라에 어떤 은행이 있는지 알아봅니다. 은행 로고 배경 색을 제거하여 가독성 있는 그림으로 만들어 봅니다.

예제파일 Chapter12₩연습문제1_시작.show

2 꽃 뒤에 숨어 있는 토순이들을 찾아보세요. 여러 토순이들을 자유형으로 자르기 기능을 이용하여 개별로 나누고, 효과를 적용해 봅니다.

예제파일 Chapter12₩연습문제2_시작.show

Chapter 13
더위를 이기려면 검은 양산? 흰 양산?

무더운 여름 밖은 햇빛이 쨍쨍 내리쬡니다. 열사병에 걸리지 않기 위해서 양산을 쓰고 나가려고 합니다. 그런데 양산이 검은색도 있고 흰색도 있네요. 어떤 색의 양산을 쓰고 나가야 덜 더울까요? 그리기마당의 클립아트를 활용하여 슬라이드를 꾸미고 어떤 색의 양산이 더 시원할지 알아봅니다.

무엇을 배우나요?
★ 그리기마당의 기본 클립아트를 삽입하는 방법을 학습합니다.
★ 그리기마당의 공유 기본 클립아트를 삽입하는 방법을 학습합니다.

완성화면 미리보기

수업 길잡이
- 난이도 ★★★☆☆
- 예제파일 Chapter13₩양산_시작.show
- 학습기능 그리기마당 기본 클립아트 삽입, 그리기마당 공유 클립아트 삽입

🔍 **이 학습과 예제를 통해** 햇빛을 흡수하는 색과 보호해 주는 색이 무엇인지 알 수 있어요. 외출을 해야하는데 검은 양산을 써야 시원할지, 흰 양산을 써야 시원할지 예제를 통해 학습할 수 있어요. 그리기마당의 기본 클립아트와 공유 클립아트를 이용하여 어떤 양산이 더 시원할지 슬라이드를 꾸미며 원리를 학습해요.

그리기마당 기본 클립아트 삽입하기

1. 예제파일을 열고 두 번째 슬라이드로 이동한 뒤 [입력] 탭-[그리기마당]()을 클릭합니다.

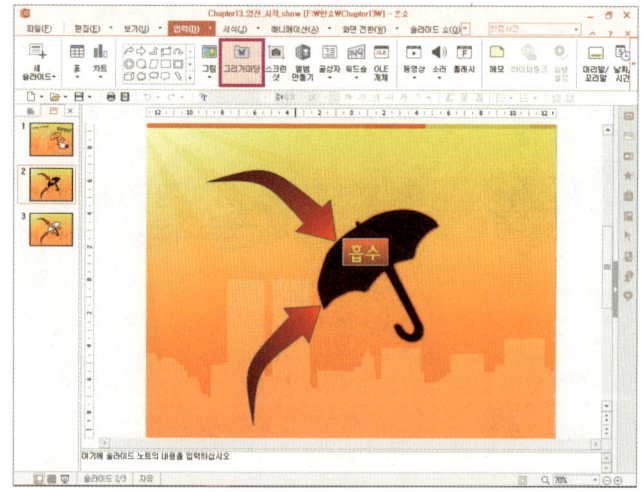

2. [그리기마당] 대화상자에서 [기본 클립아트] 탭-[자연(날씨2)]-[태양]을 선택 후 [넣기]를 클릭해 삽입합니다.

3. 마우스가 십자가 모양(+)이 되면 드래그하여 크기를 설정합니다.

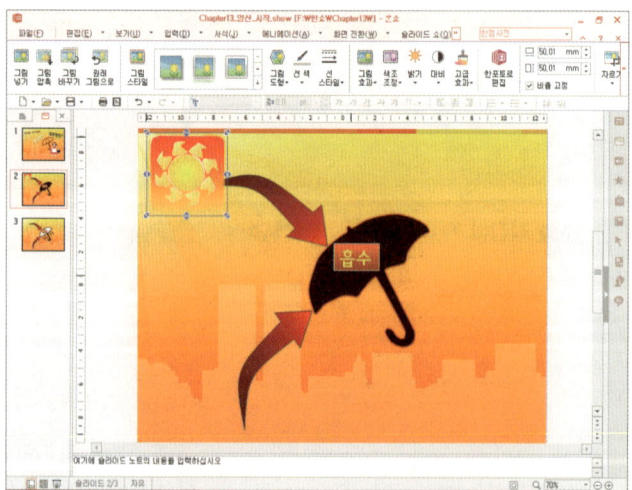

그리기마당 공유 클립아트 삽입하기

1 [입력] 탭-[그리기마당]()을 클릭합니다.

2 [그리기마당] 대화상자에서 [공유 클립아트] 탭-[휴식/여행]-[편안함]을 선택 후 [넣기]를 클릭해 삽입합니다.

3 마우스가 십자가 모양(+)이 되면 드래그하여 크기를 설정합니다.

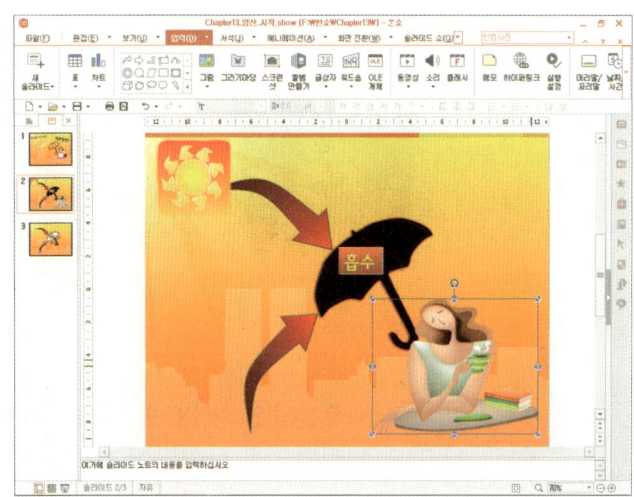

TiP

그리기마당 검색하기

1 [입력] 탭-[그리기마당]()을 클릭합니다.
2 [그리기마당] 대화상자에서 [찾을 파일]에 '표정'을 입력하고 [찾기]를 클릭해 그림을 찾고 온도에 따른 표정을 삽입합니다.

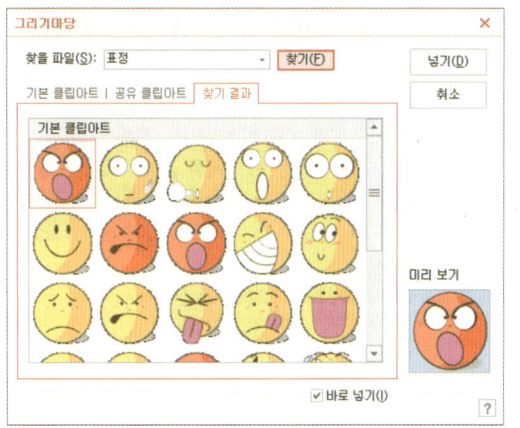

연습문제 풀어보기!

1 별자리로 알아보는 오늘의 운세 슬라이드에 [그리기마당] 대화상자에서 기본 클립아트를 삽입하여 꾸며봅니다.

예제파일 Chapter13₩연습문제1_시작.show

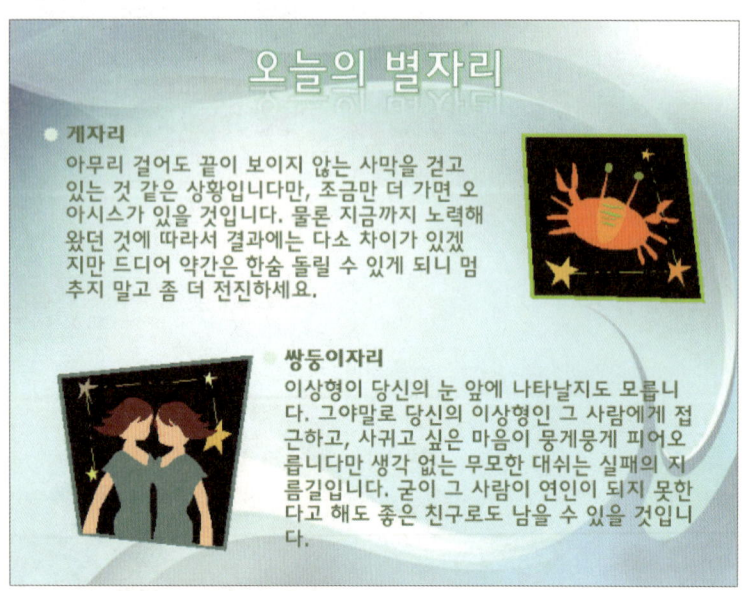

2 올바른 경제 습관을 만들 수 있는 3가지 방법에 대한 슬라이드에 [그리기마당] 대화상자에서 공유 클립아트를 삽입하여 꾸며봅니다.

예제파일 Chapter13₩연습문제2_시작.show

Chapter 14 빛이 없는 곳에서도 사진을 찍을 수 있을까?

빛이 없는 어두운 곳에서 사진을 찍으려면 어떻게 해야 할까요? 여러 방법이 있겠지만 플래시를 이용하면 쉽게 찍을 수 있겠죠. 여러분이 직접 만든 카메라 도형을 넣어 정보 전달을 해 보세요. 사용자 정의 도형과 내가 직접 도형을 만들어 등록할 수 있어요. 이를 사용해 슬라이드를 꾸며 봅니다.

무엇을 배우나요?
- ★ 사용자 정의 도형을 삽입하는 방법을 학습합니다.
- ★ 내가 만든 도형을 등록하는 방법을 학습합니다.

완성화면 미리보기

수업 길잡이
- 난이도 ★★★★☆
- 예제파일 Chapter14₩나만의도형_시작.show
- 학습기능 사용자 정의 도형 삽입, 내가 만든 도형 등록

🔍 **이 학습과 예제를 통해** 빛이 없는 어두운 곳에서 사진을 찍기 위해서 카메라의 어떤 기능을 사용해야 할지 알 수 있어요. 이러한 자료에 한쇼에서 만든 사용자 정의 도형을 삽입할 수 있고, 내가 직접 도형으로 카메라를 만들어 활용해 슬라이드를 꾸밀 수 있어요.

사용자 정의 도형 삽입하기

1. 예제파일을 열고 두 번째 슬라이드로 이동한 뒤 [보기] 탭-[작업 창](□)을 클릭하여 [사용자 정의 도형]을 선택합니다.

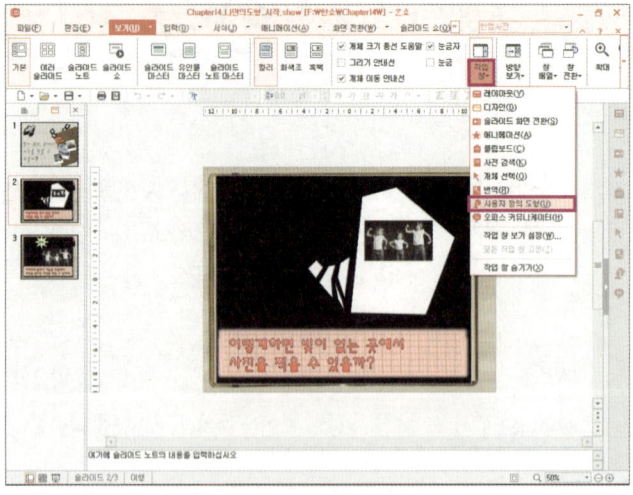

2. 화면 오른쪽에 [사용자 정의 도형] 작업 창이 나타나면 [윈도우 화면 구성]-[검색] 도형을 클릭-드래그하여 슬라이드에 삽입합니다.

3. [검색] 도형의 크기를 조절합니다.

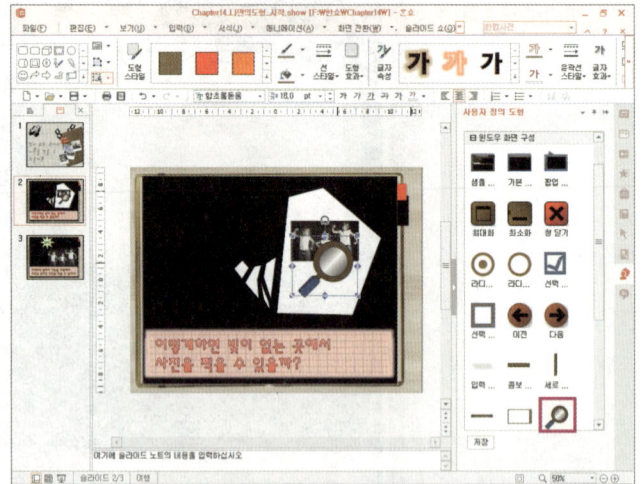

 ## 내가 만든 도형 등록하기

1 [입력] 탭-[도형] 테마의 [자세히](▼)를 클릭하여 [모서리가 둥근 직사각형]을 선택합니다.

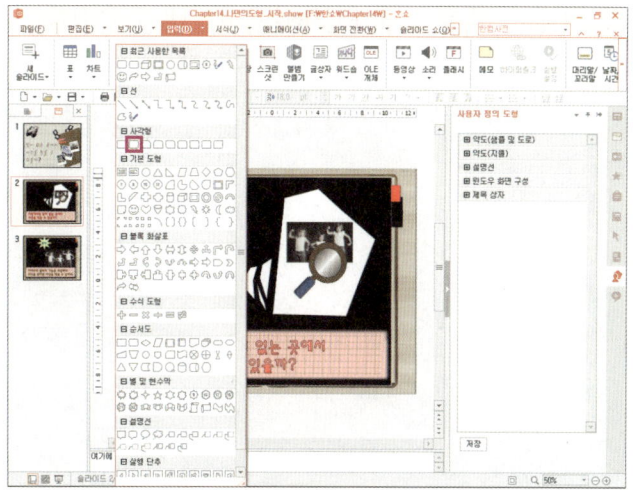

2 모서리가 둥근 직사각형을 드래그하여 위치시키고 [채우기 색](🎨) 펼침 단추(▼)를 클릭해 [흰색], [선 색](✏️) 펼침 단추(▼)를 클릭해 [강조1, 40% 밝게]를 선택합니다.

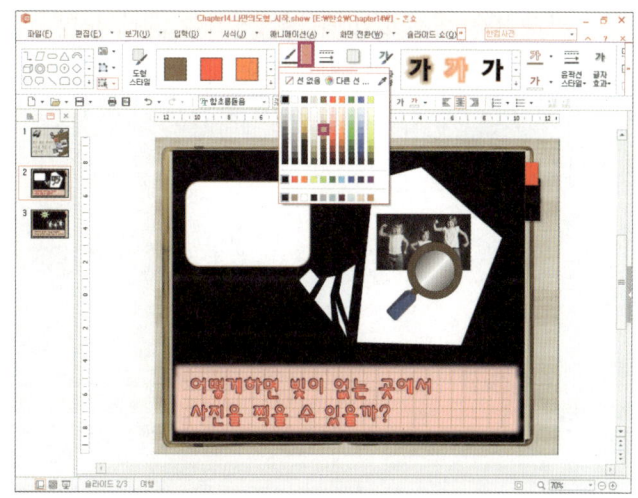

3 [선 스타일](≡)을 클릭하여 [선 굵기]-[다른 선]을 선택합니다.

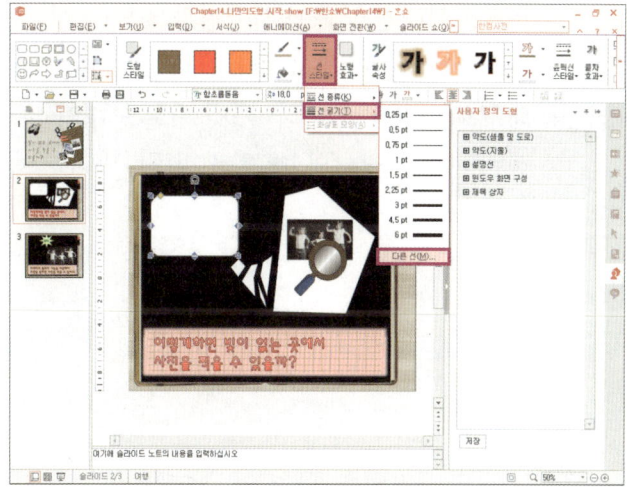

4 [개체 속성] 대화상자의 [선] 탭-[굵기]를 '15pt'로 조정한 후 [설정]을 클릭합니다.

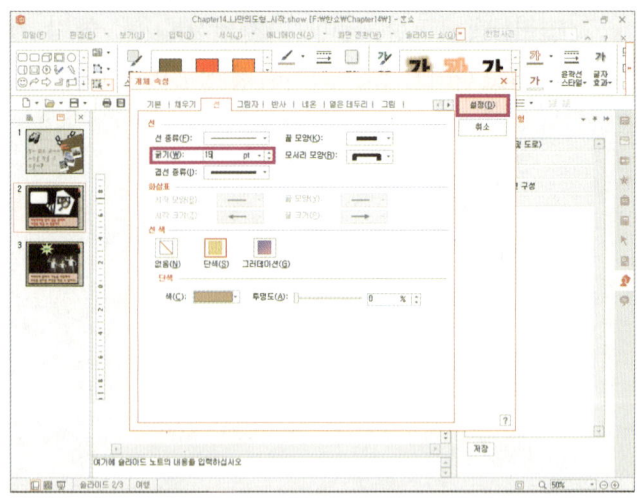

5 위와 마찬가지로 도넛을 삽입하여 렌즈 모양을 만들고 [채우기 색]-[흰색], [선 색]-[강조 1, 40% 밝게], [선]-[굵기]-[15pt]로 설정합니다.

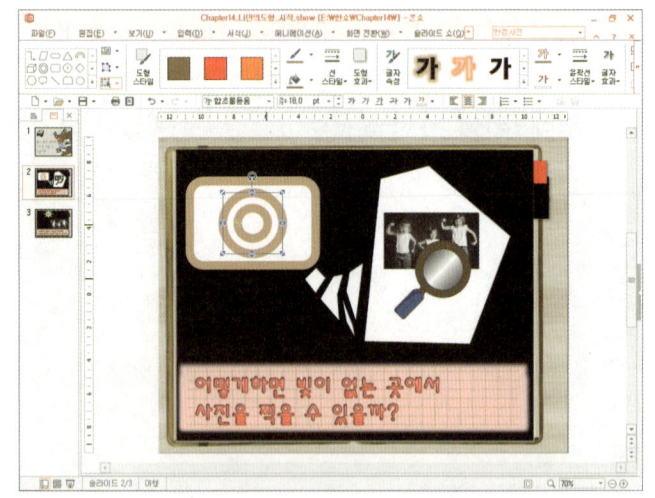

6 설정한 모서리가 둥근 직사각형과 도넛을 복사하여 다음과 같이 위치시키고 [도형] 탭( )-[맨 뒤로]( )를 클릭하여 [맨 뒤로 보내기]를 선택하여 '플래시'와 '버튼'을 만듭니다.

7 만든 카메라 도형을 모두 선택한 후 [도형] 탭(🔲)-[그룹](🔺)을 클릭하여 [개체 묶기]를 선택해 하나의 도형으로 묶습니다.

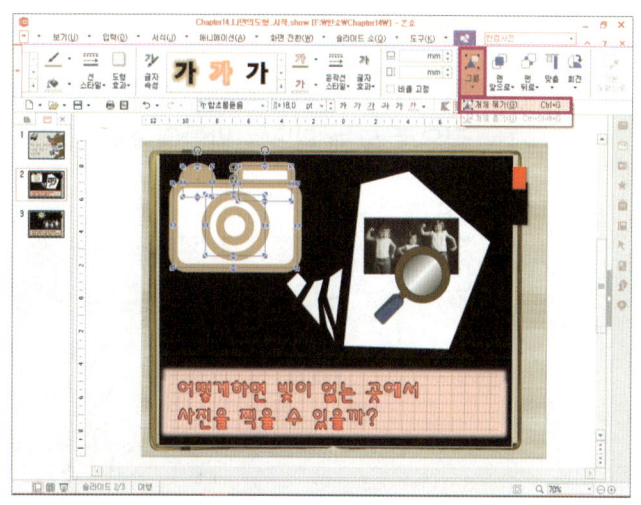

8 카메라 도형을 선택한 후 [보기] 탭-[작업 창](🔲)을 클릭합니다. [사용자 정의 도형]을 선택해 작업 창에 드래그하여 '내가 만든 카메라 도형'을 등록합니다.

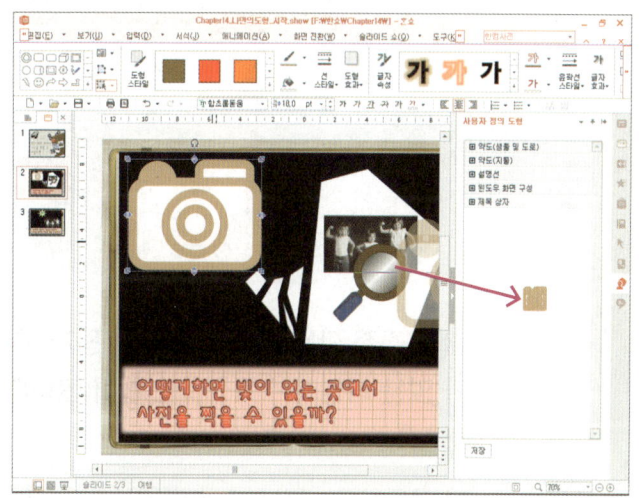

9 세 번째 슬라이드로 이동한 뒤 [내가 만든 카메라 도형]을 선택한 후 드래그하여 슬라이드에 삽입하고 [도형] 탭(🔲)-[맨 뒤로 보내기](🔲)를 클릭해 슬라이드에 위치시킵니다.

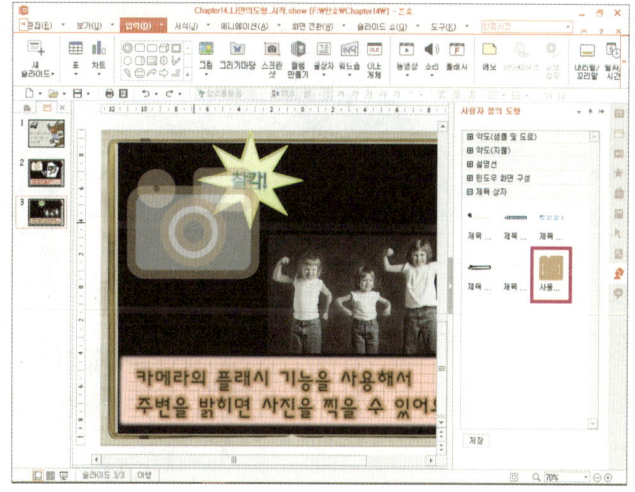

연습문제 풀어보기!

1 친구를 우리 집에 초대했는데 길을 잘 모른다고 합니다. 사용자 정의 도형을 사용하여 우리 집으로 오는 지도를 만들어 봅니다.

예제파일 Chapter14₩연습문제1_시작.show

2 내가 직접 만든 도형 모양을 사용자 추가 도형으로 등록하고 슬라이드에 삽입해 꽃과 나무가 많은 나만의 수목원을 만들어 봅니다.

예제파일 Chapter14₩연습문제2_시작.show

Chapter 15
양산으로 더위를 피할 수 있을까?

지난 차시에서 햇빛이 내리쬐는 무더운 날에는 어떤 색의 양산을 쓰고 나가야 덜 더울지 학습해보았습니다. 그 이유를 설명하는 슬라이드에 화면 전환 효과와 소리 효과를 주어 생동감을 불어 넣어 봅니다.

무엇을 배우나요?
★ 화면 전환 설정하는 방법을 학습합니다.
★ 슬라이드에 소리 효과를 삽입하는 방법을 학습합니다.
★ 지정한 효과를 모든 슬라이드에 설정하는 방법을 학습합니다.

완성화면 미리보기

수업 길잡이
- 난이도 ★★★☆☆
- 예제파일 Chapter15₩슬라이드쇼_시작.show
- 학습기능 화면 전환 설정, 소리 효과 설정, 모든 슬라이드에 효과 설정

🔍 **이 학습과 예제를 통해** 더위를 이기기 위한 양산 색에 대해 알아보고 화면 전환 효과와 소리 효과를 이용하여 원리를 더 쉽게 표현할 수 있어요. 설명한 슬라이드를 더욱 생동감 있게 만들 수 있어요.

화면 전환 설정하기

1. 예제파일을 열고 첫 번째 슬라이드로 이동한 뒤 [화면 전환] 탭-[화면 전환 효과] 테마의 [자세히]()를 클릭합니다. 화면 전환 효과 중에 [3D 효과]-[두루마리 말기]를 선택합니다.

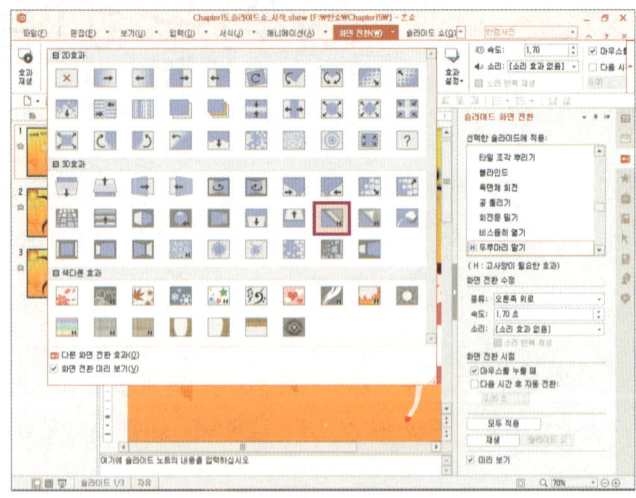

2. [효과 설정]()을 클릭하여 [왼쪽 아래로]를 선택하여 두루마리 말기 방향을 변경합니다.

3. [슬라이드 화면 전환] 작업 창의 [재생]을 클릭해 적용된 효과를 확인한 뒤, 여러 가지 효과를 확인해 보았으면 [색다른 효과]-[화염]을 선택해 적용합니다.

> **TiP**
>
> F5 를 누르거나 [슬라이드 화면 전환] 작업 창의 [슬라이드 쇼]를 클릭하면 전체 슬라이드에 적용된 전환 효과를 볼 수 있습니다.

 ## 소리 효과 삽입하고 모든 슬라이드에 화면 전환 설정하기

1 [슬라이드 화면 전환] 작업 창에서 [화면 전환 수정]-[소리] 펼침 단추()를 클릭해 설정합니다.

2 슬라이드 화면 전환 효과를 모두 선택하였으면 [슬라이드 화면 전환] 작업 창에서 [모두 적용]을 클릭하여 모든 슬라이드에 같은 효과를 적용합니다.

> **TIP**
> 각 슬라이드마다 다른 화면 전환 효과를 적용하고 싶으면 각 슬라이드를 클릭하고 [슬라이드 화면 전환] 작업 창에서 [선택한 슬라이드에 적용]을 클릭합니다.

연습문제 풀어보기!

1 우리나라 문화재를 조사한 슬라이드에 꽃잎이 휘날리는 화면 전환 효과를 설정하여 역동적이고 생동감 있게 만들고, 적절한 소리 효과 설정으로 재미있는 학습 슬라이드를 제작해 봅니다.

예제파일 Chapter15₩연습문제1_시작.show

2 2018 평창동계올림픽에 대하여 조사한 슬라이드에 눈이 내리는 모양의 화면 전환 효과와 선수들을 응원하는 박수 소리를 설정하여 생동감 있는 슬라이드를 제작해 봅니다.

예제파일 Chapter15₩연습문제2_시작.show

Chapter 16 왜 맨홀 뚜껑은 동그라미일까?

사각형, 삼각형 등 여러 도형이 있는데 왜 맨홀 뚜껑은 동그라미로만 제작되는 걸까요? 다른 이유가 있어서 동그라미로만 제작하는 걸까요? 슬라이드에 표를 삽입하고, 서식을 설정하는 방법을 학습하고 맨홀 뚜껑이 동그라미인 이유에 대해 알아봅니다.

무엇을 배우나요?
★ 표를 삽입하는 방법을 학습합니다.
★ 표 서식을 설정하는 방법을 학습합니다.

완성화면 미리보기

수업 길잡이

- **난이도** ★★★★☆
- **예제파일** Chapter16₩표_시작.show, 원형.png, 사각형.png, 삼각형.png
- **학습기능** 표 삽입, 서식 설정

🔍 **이 학습과 예제를 통해** 맨홀 뚜껑이 왜 동그라미 도형으로만 제작되는지 그 이유를 알 수 있어요. 맨홀 뚜껑이 동그랄 수밖에 없는 이유에 대해서 표로 깔끔하게 정리하고, 표 서식을 이용하여 다른 도형이 될 수 없는 분석표를 멋지게 꾸밀 수 있어요.

CHAPTER 16 왜 맨홀 뚜껑은 동그라미일까?

 ## 표 삽입하기

1 예제파일을 열고 [편집] 탭-[표](▦)를 클릭하여 [4줄×5칸]을 선택하여 표를 삽입합니다.

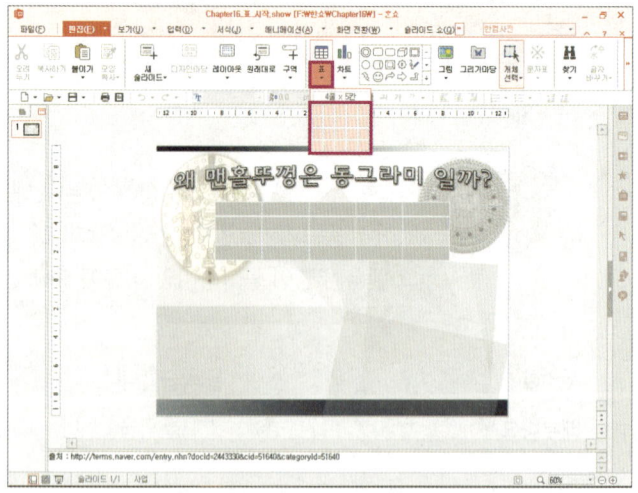

2 표 안에 텍스트를 입력하고 표 전체를 클릭합니다. [표] 탭(▦)-[내용 정렬](▦)을 클릭하여 [가운데 맞춤]을 선택합니다.

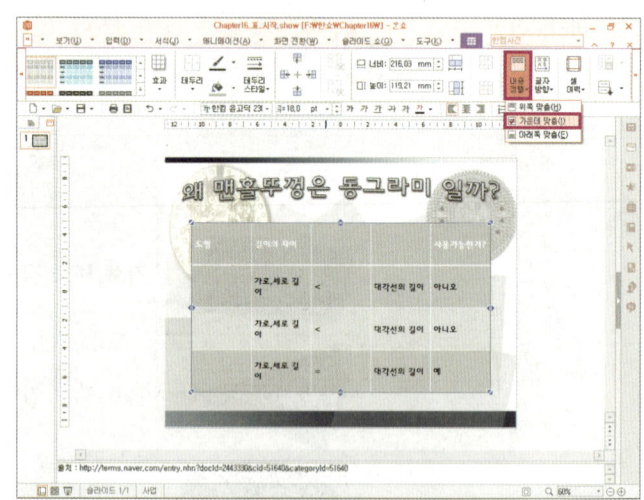

3 [서식 도구 상자]에서 글자 [가운데 정렬]도 클릭합니다.

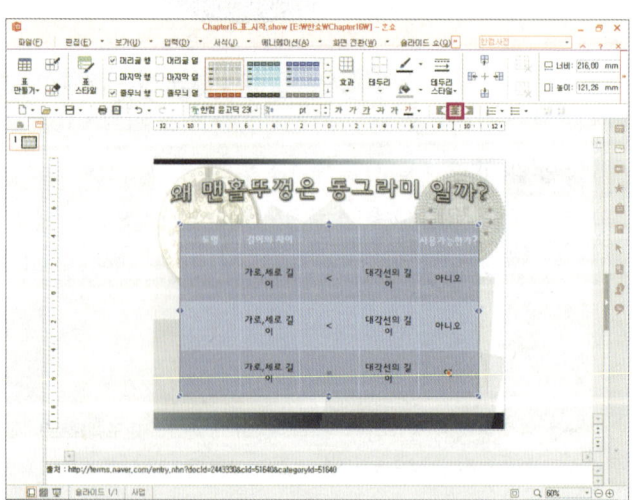

 표 서식 설정하기

1 [표] 탭()-[표 스타일] 테마의 [자세히]( )를 클릭하여 [밝은 스타일2-강조3]을 선택합니다.

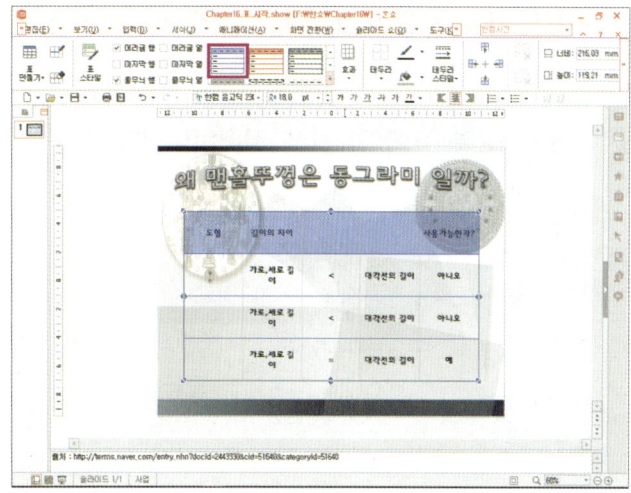

2 표의 첫 번째 줄을 드래그하여 선택하고 [표] 탭( )-[채우기 색]( ) 펼침 단추( )를 클릭하여 [그러데이션]-[사각형-가운데]를 선택합니다.

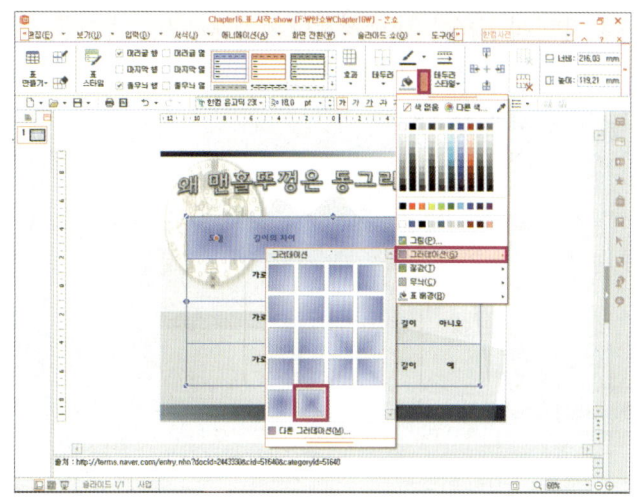

3 [표] 탭( )-[표 지우개]( )를 클릭하여 표를 드래그해 '길이의 차이' 부분의 3칸을 합칩니다.

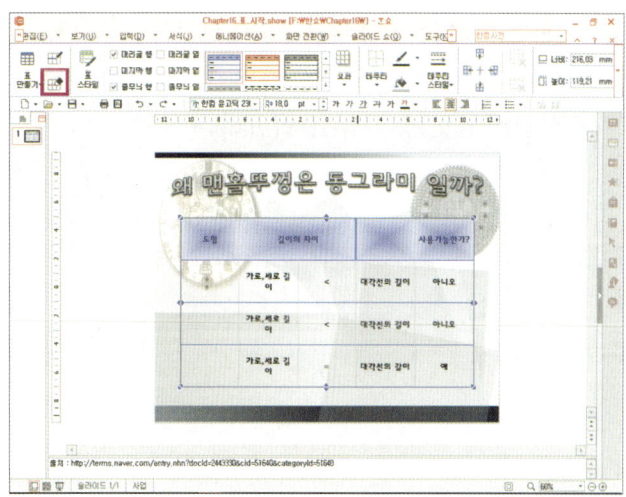

4 표의 세로 줄을 드래그하여 표 간격을 조절합니다.

5 표의 도형 줄의 한 칸을 선택하여 드래그한 후 마우스 오른쪽 버튼을 눌러 [개체 속성]을 선택합니다.

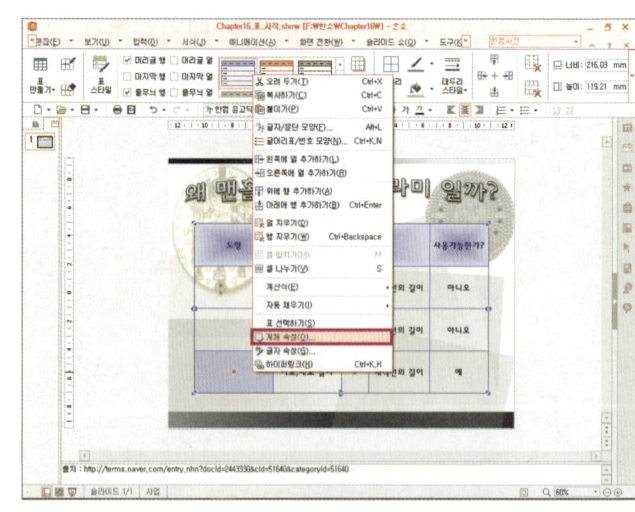

6 [개체 속성] 대화상자에서 [채우기] 탭-[종류]-[질감/그림]을 선택하고 [종류]-[그림]을 선택합니다.

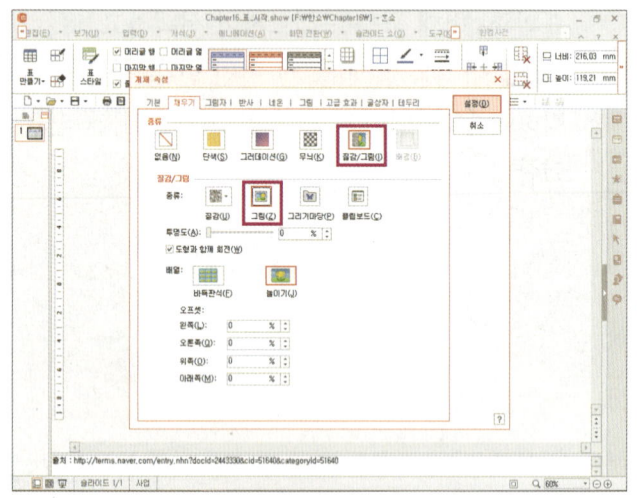

7 '원형.png'를 선택하고 [넣기]를 클릭합니다. 같은 방법으로 도형 줄의 그림(삼각형.png, 삼각형.png)을 모두 삽입합니다.

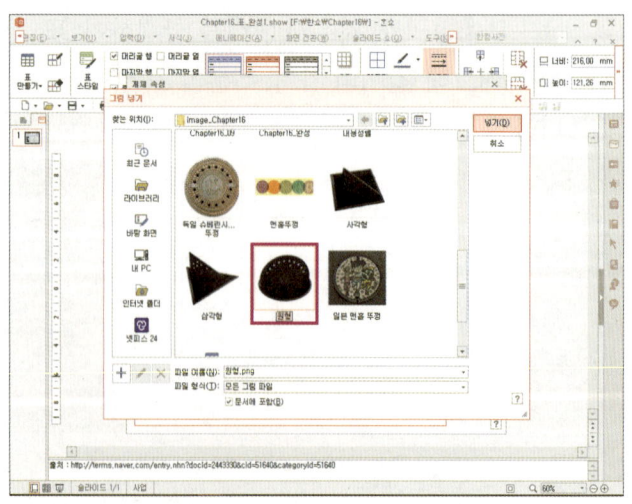

연습문제 풀어보기!

1 가을 운동회에서 계주로 뛸 학생의 선발시험 점수를 표에 기록하고, 종목마다 어떤 학생이 선수로 나가면 될지 분석, 표시해 봅니다.

예제파일 Chapter16₩연습문제1_시작.show

가을 운동회 계주선수 선발시험

	서웅이	고가람	박주훈	김현지
100m	21.01초	16.65초	18.55초	24.05초
500m	2분30초	2분49초	2분12초	3분33초
1km	5분58초	7분 32초	6분59초	8분62초

2 우리나라의 멸종위기 Ⅰ급 야생생물 지정 숫자에 대하여 알아보고 분류군에 따른 대표 동·식물의 그림을 삽입해 봅니다.

예제파일 Chapter16₩연습문제2_시작.show, 연습문제2 그림 폴더

멸종위기 야생동물

분류군		멸종위기 야생생물 Ⅰ급
포유류		11
조류		12
양서·파충류		3
어류		9
곤충류		4
식물		4
무척추동물		9
합계		51

멸종위기 야생동물이란
자연적 또는 인위적 위협요인으로 인하여 개체 수가 현격히 감소하거나 소수만 남아 있어 가까운 장래에 절멸될 위기에 처해있는 야생생물을 말한다.

멸종위기 야생생물 Ⅰ급
자연적 또는 인위적 위협요인으로 인하여 개체 수가 많이 줄어들어 멸종위기에 처한 야생생물로서 중앙행정기관의 장과 협의하여 환경부령으로 정하는 종으로 현재 51종이 지정되어 있다.

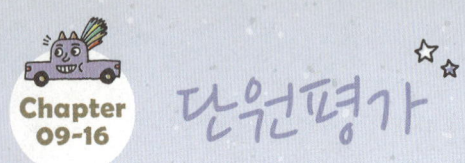

단원평가

1 도형 작업에서 지원하지 않는 채우기 기능은?

① 그림　　② 단색
③ 무늬　　④ 동영상

2 도형 채우기에서 2가지 이상의 색상이 점차 퍼지는 효과는?

① 질감　　② gif
③ 그러데이션　　④ 배경

3 2가지 이상의 도형을 선택할 때는 ( ) 키를 누르고 도형을 선택하면 여러 개 선택 가능하다. ( ) 안에 맞는 단축키는?

① Shift　　② Alt
③ Space Bar　　④ F4

4 다음 설명 중 올바르지 않은 것은?

① 두 개 이상의 도형의 간격을 유지하면서 크기 조정 시에는 개체 묶기 후 실행한다.
② [맞춤]에서 가로, 세로 같은 간격을 만들 수 있다.
③ 상하좌우 회전만 가능하며 사용자가 각도를 조정할 수 없다.
④ 3차원 효과를 제공한다.

5 다음 그림과 같이 만들기 위하여 수행한 작업은?

① 색조 조정　　② 대비
③ 배경 색 제거　　④ 한포토

6 그리기마당에서 제공하는 컴퓨터 작업 시 편리하게 이용할 수 있도록 모아 놓은 여러 가지 조각 그림은?

① 플래시　　② 사진 앨범
③ 메모　　④ 클립아트

7 한쇼에서 제공하는 도형을 등록하였다가 사용할 수 있는 기능은?

① 사용자 정의 도형
② 워드숍
③ OLE 개체
④ 스크린샷

정답　1 ④　2 ③　3 ①　4 ③　5 ③　6 ④　7 ①

8 슬라이드 쇼를 진행할 때 다음 슬라이드로 넘어갈 때 '하트 장식' 등 다양한 효과를 나타나게 할 수 있는 기능은?

① 슬라이드 쇼
② 애니메이션
③ 화면 전환
④ 슬라이드 노트

9 도형 복사 시 수평, 수직으로 일직선상으로 복사할 때 (　) 키를 누르고 도형을 드래그 한다. (　) 안에 맞는 기능은?

① Ctrl + Shift　② Alt + Shift
③ Ctrl　④ Alt

10 다음 화살표 도형 개체에 적용되지 않은 효과는?

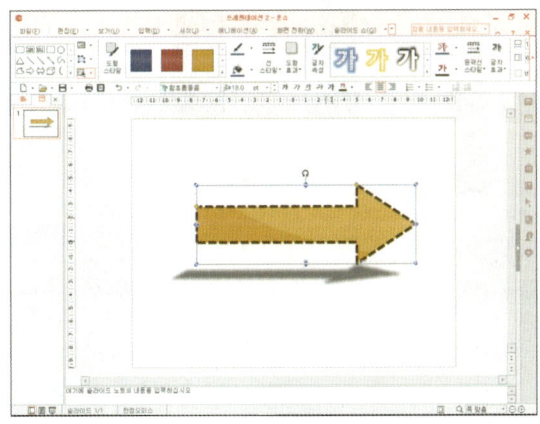

① 그림자　② 선 종류
③ 선 굵기　④ 반사

11 그림에 대한 설명으로 올바르지 않은 것은?

① [그림 바꾸기]를 이용하여 위치 크기를 변하지 않고 그림만 바꿀 수 있다.
② [원래 그림으로]를 클릭하면 자르기한 작업이 사라진다.
③ [한포토로 편집]을 이용하여 배경을 투명하게 할 수 있다.
④ 그림의 크기를 줄이면 자동 크기가 저장되므로 별도로 크기를 줄이는 작업을 할 필요가 없다.

12 그림 크기를 조절하는 단축키는?

① Ctrl +방향키
② Alt +방향키
③ Shift +방향키
④ 방향키

정답　8 ③　9 ①　10 ④　11 ④　12 ③

Chapter 17 장수하는 마을은 어떤 음식을 먹을까?

100세 시대라고 불리는 요즘 시대의 주요 키워드는 '건강'입니다. 우리의 몸을 건강하게 하는 음식은 무엇일까요? 장수하는 마을에서는 주로 어떤 음식을 먹을까요? 장수하는 세 마을에서 즐겨먹는 장수 음식이 무엇인지 조사해 보고, 차트의 여러 가지 모양과 서식으로 분석 결과를 작성해 봅니다.

무엇을 배우나요?
★ 차트를 작성하는 방법을 학습합니다.
★ 차트를 편집하는 방법을 학습합니다.

완성화면 미리보기

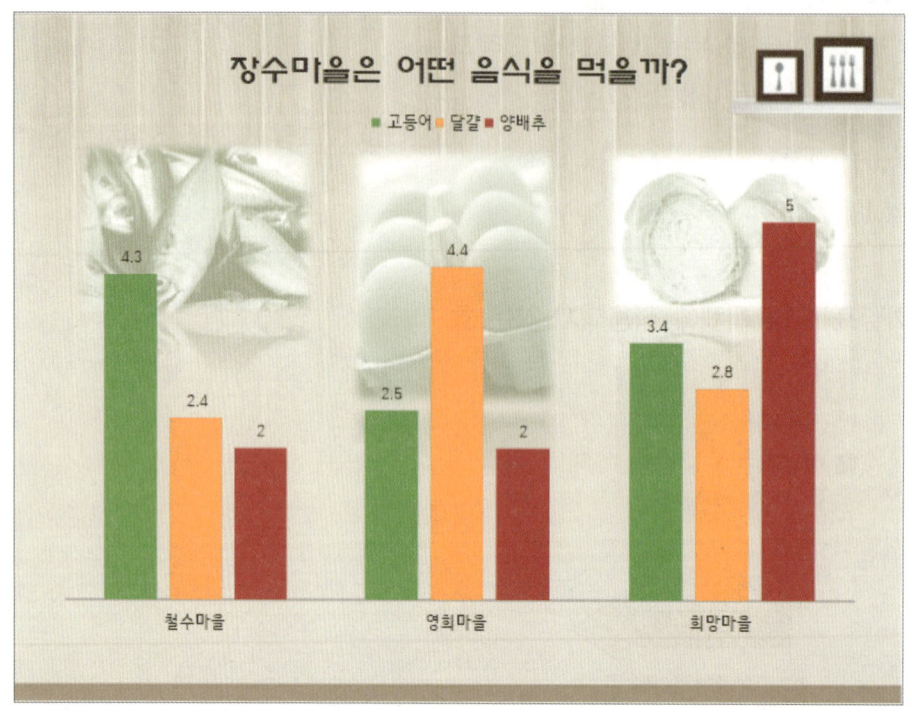

수업 길잡이
- 난이도: ★★★★☆
- 예제파일: Chapter17₩차트_시작.show
- 학습기능: 차트 삽입, 차트 편집

🔍 **이 학습과 예제를 통해** 건강하게 장수하기 위해서 어떤 음식을 섭취하면 좋을지, 건강해지는 음식을 조사하고 조사한 내용을 보기 좋게 차트로 만들 수 있어요. 정리한 차트는 차트 편집의 여러 가지 모양과 서식으로 화려하게 꾸며볼 수 있어요.

 ## 차트 삽입하기

1. 예제파일을 열고 두 번째 슬라이드로 이동한 뒤 [입력] 탭-[차트]( )를 클릭하여 [묶은 세로 막대형]을 선택하여 차트를 삽입합니다.

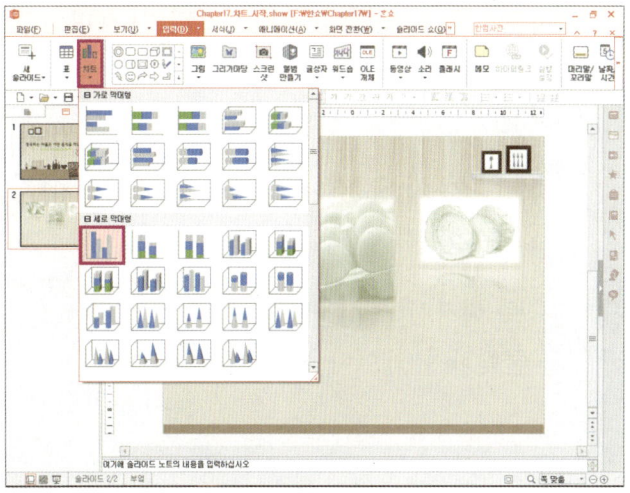

2. [차트 데이터 편집] 대화상자에 데이터를 입력합니다.

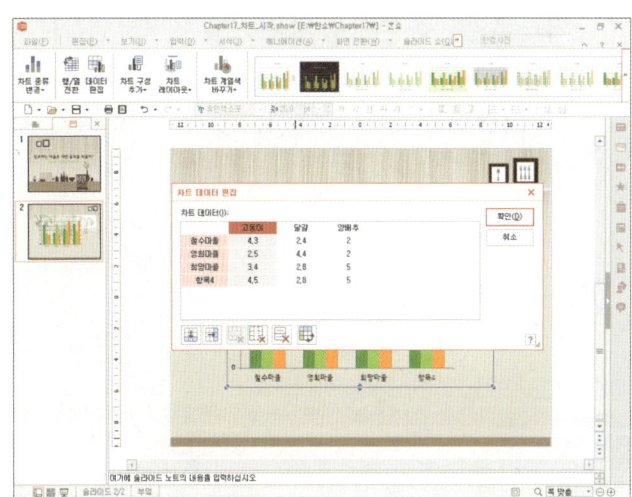

> **TIP**
> 이름 변경은 선택 후 F2 를 누릅니다.

3. '항목4'를 클릭한 상태에서 [선택한 행 지우기]( )를 클릭하여 필요 없는 행을 지운 후 [확인]을 클릭합니다.

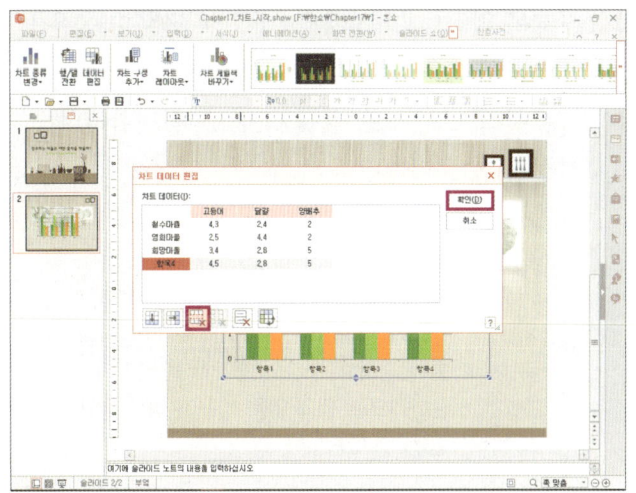

CHAPTER 17_장수하는 마을은 어떤 음식을 먹을까?

차트 편집하기

1 [차트 디자인] 탭( )-[차트 스타일] 테마의 [자세히]( )를 클릭해 [스타일3]을 선택합니다.

2 [차트 디자인] 탭( )-[차트 계열 색 바꾸기]( )를 클릭하여 [색2]를 선택합니다.

3 [차트 디자인] 탭( )-[차트 레이아웃]( )을 클릭하여 [레이아웃3]을 선택합니다.

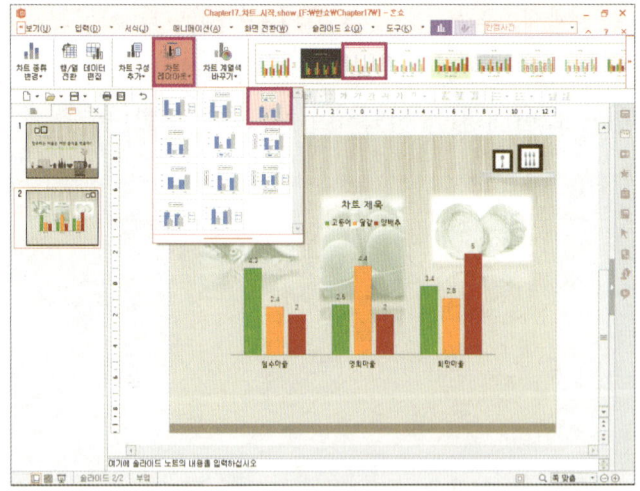

4 차트를 슬라이드에 맞게 크기를 조절하고 '차트 제목'을 클릭한 후 마우스 오른쪽 버튼을 눌러 [제목 편집]을 선택합니다.

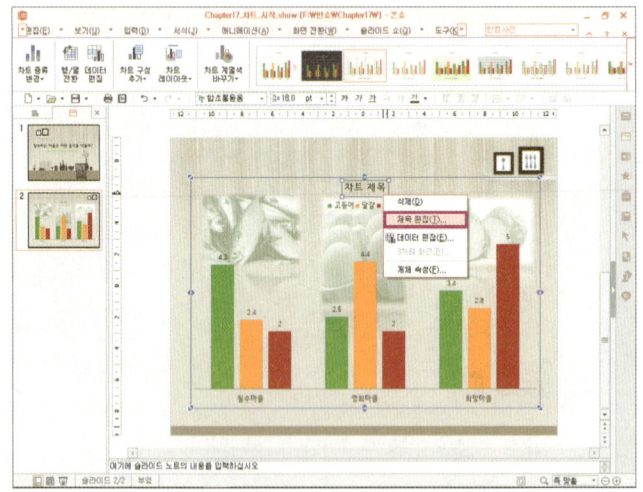

5 [제목 편집] 대화상자의 [내용]에 '장수마을은 어떤 음식을 먹을까?'를 입력하고, [글꼴]-[휴먼엑스포], [크기]-[25pt]로 설정합니다. [설정]을 클릭합니다.

> **TIP**
> 차트의 내용을 수정하려면 [데이터 편집]( )으로 데이터를 변경하고, 차트의 행과 열을 바꾸려면 [행/열 전환]( )으로 행과 열을 바꾸어 다른 형태의 차트를 만들 수 있습니다.

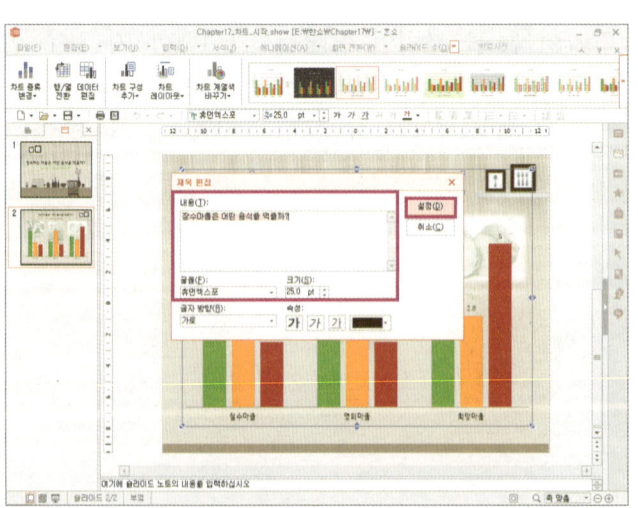

연습문제 풀어보기!

1 봉사활동을 가기 위한 이동수단인 대중교통과 자동차 중에 어떤 것이 용돈을 아끼기에 좋은지를 차트를 이용하여 비교해 봅니다.

예제파일 Chapter17₩연습문제1_시작.show

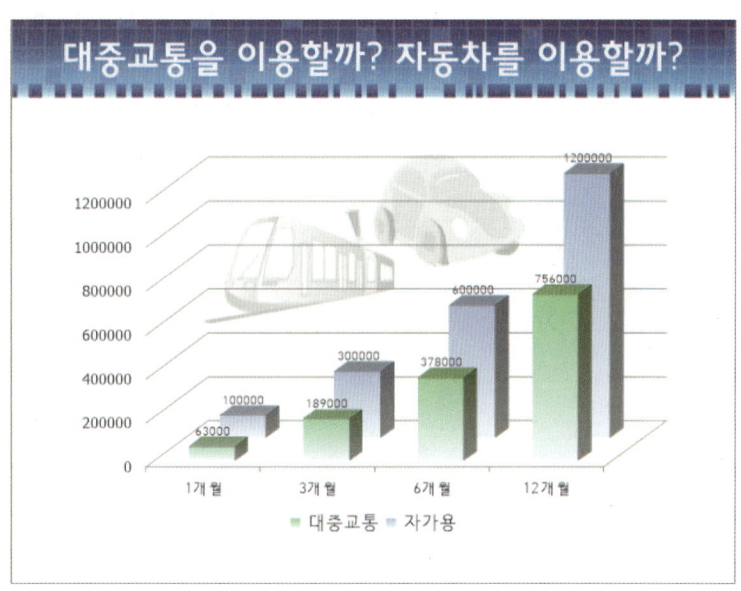

2 용돈 사용 내역을 분석할 수 있는 원형 차트를 만들어 봅니다.

예제파일 Chapter17₩연습문제2_시작.show

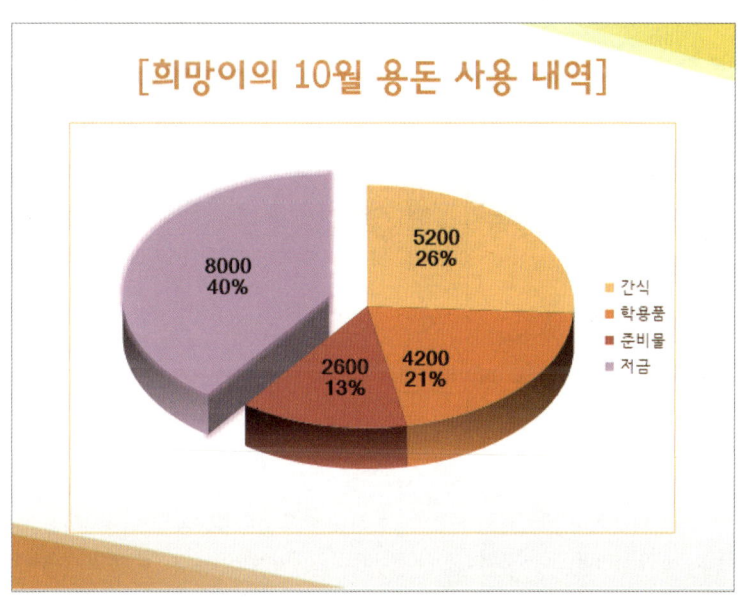

Chapter 18
관성과 중력의 관계를 알고 있나요?

엘리베이터를 타고 내려올 때 가벼워지는 느낌이 드는 이유가 왜인지 앞 차시에서 알아보았습니다. 그림 애니메이션을 이용하여 엘리베이터를 움직이고, 텍스트에 애니메이션을 넣어 생동감을 주면 조금 더 이해를 도울 수 있어요. 애니메이션을 활용하고 설정하는 방법을 학습해 봅니다.

무엇을 배우나요?
★ 텍스트 애니메이션을 설정하는 방법을 학습합니다.
★ 그림 애니메이션을 설정하는 방법을 학습합니다.

완성화면 미리보기

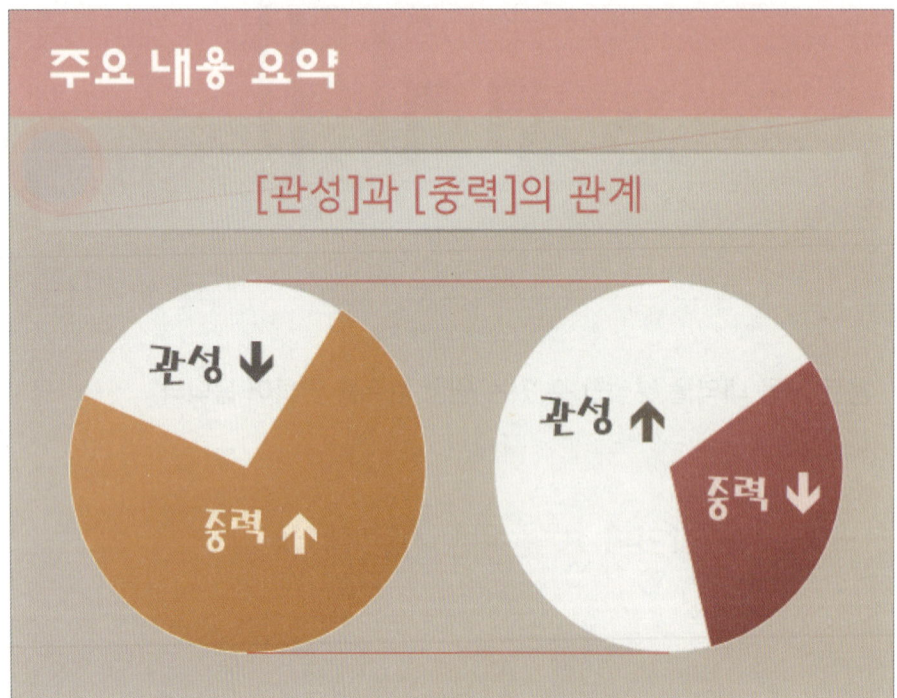

수업 길잡이
- 난이도: ★★★★☆
- 예제파일: Chapter18₩애니메이션_시작.show
- 학습기능: 텍스트 애니메이션 설정, 그림 애니메이션 설정

🔍 **이 학습과 예제를 통해** 왜 엘리베이터를 타면 몸이 가벼워지는 느낌이 드는지 알 수 있어요. 질문과 실험, 그 이유를 애니메이션 효과로 나타낼 수 있어요. 그림 애니메이션 효과를 이용하여 엘리베이터를 움직이게 하고, 상황에 맞는 텍스트 애니메이션 효과를 이용하여 슬라이드에 생동감을 부여할 수 있어요.

 ## 그림 애니메이션 설정하기

1 예제파일을 열고 세 번째 슬라이드로 이동한 뒤 엘리베이터와 사람 그림을 전체 선택합니다.

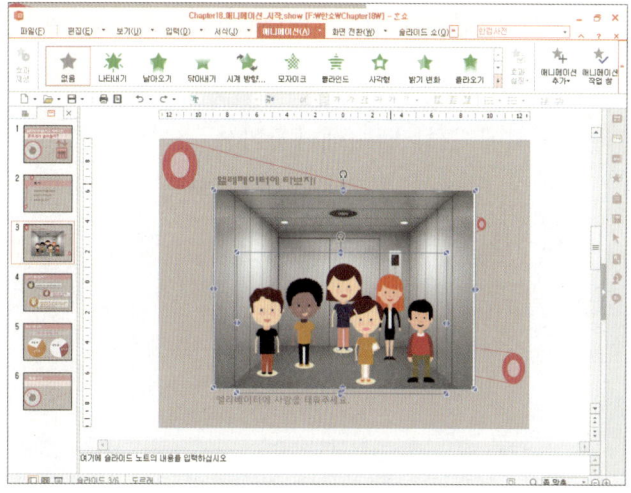

2 [애니메이션] 탭-[애니메이션 스타일] 테마의 [자세히](⌄)를 클릭하여 [끝내기]-[날아가기]를 선택합니다.

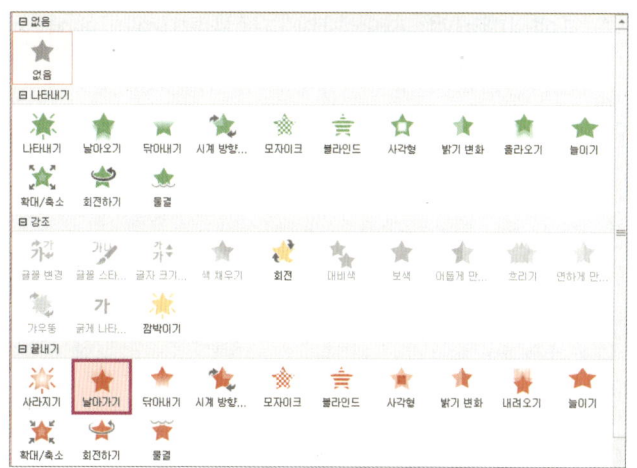

3 [애니메이션] 탭-[효과 재생](▶)을 클릭하여 그림 애니메이션을 확인합니다.

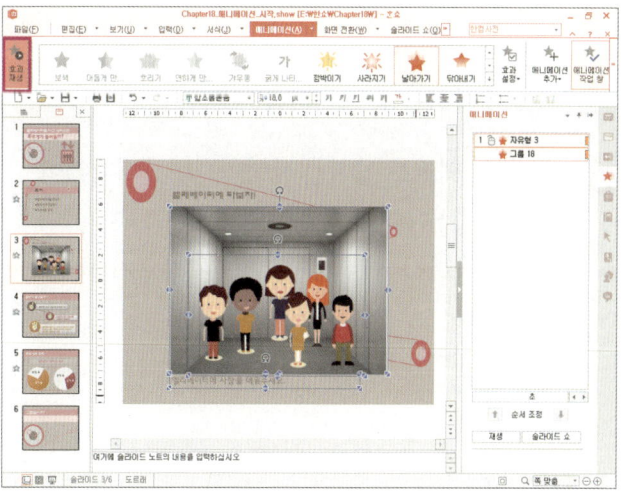

CHAPTER 18 관성과 중력의 관계를 알고 있나요?

 ## 텍스트 애니메이션 설정하기

1. 다섯 번째 슬라이드로 이동한 뒤, '관성↓' 텍스트 상자를 선택합니다.

2. [애니메이션] 탭-[애니메이션 스타일] 테마의 [자세히](⬇)를 클릭하여 [나타내기]-[닦아내기]를 선택합니다.

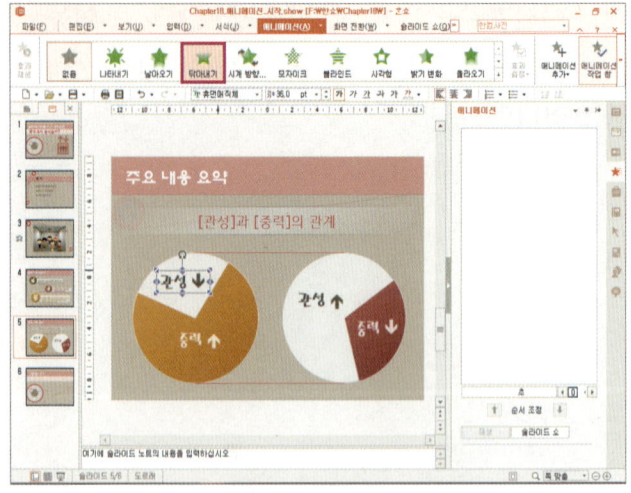

3. [애니메이션] 작업 창의 [닦아내기] 애니메이션을 더블클릭하고 [애니메이션] 대화상자의 [설정]-[방향]을 [아래로]로 선택하고 [확인]을 클릭합니다.

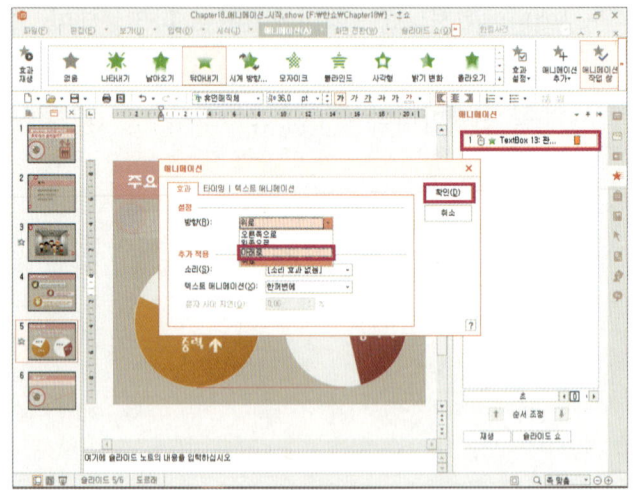

4. [애니메이션] 탭-[효과 재생](▶)을 클릭하여 애니메이션을 확인합니다.

5. '중력↑' 텍스트 상자를 선택합니다. [애니메이션] 탭-[애니메이션 스타일] 테마의 [자세히](⬇)를 클릭하여 [나타내기]-[올라오기]를 선택합니다.

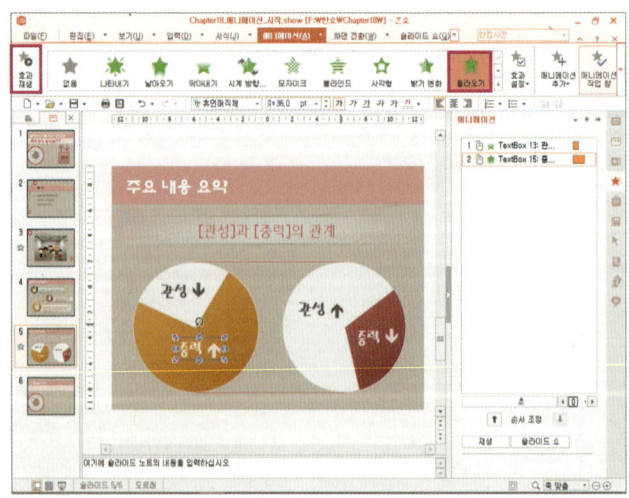

6 [애니메이션] 작업 창의 [올라오기] 애니메이션을 더블클릭하여 [애니메이션] 대화상자에서 [타이밍] 탭–[시작]–[이전 효과 다음에]로 선택하고 [확인]을 클릭합니다.

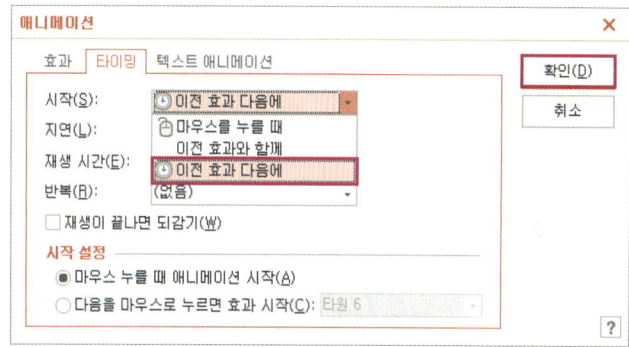

7 [애니메이션] 탭의 [효과 재생]( )을 클릭하여 애니메이션을 확인합니다.

8 같은 방법으로 오른쪽 '중력↓' '관성' 텍스트에도 애니메이션을 적용하고 F5 를 눌러 슬라이드 쇼로 전체 애니메이션을 확인합니다.

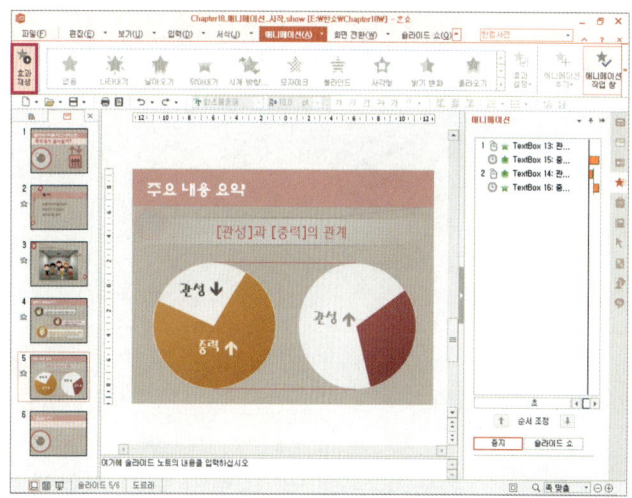

연습문제 풀어보기!

1 하품을 하면 눈물이 나오는 원리를 이해하고 텍스트 애니메이션과 그림 애니메이션을 적용하고, 애니메이션 실행 순서를 정하여 슬라이드를 생동감 있게 만들어 봅니다.

`예제파일` Chapter18₩연습문제1_시작.show

2 독도가 우리나라 영토인 증거 자료에 텍스트 애니메이션과 그림 애니메이션을 적용하여 슬라이드를 완성해 봅니다.

`예제파일` Chapter18₩연습문제2_시작.show

Chapter 19 홀로그램이 생기는 이유는 뭘까?

앞에서 홀로그램은 어떤 원리로 만들어지는지 알아보았습니다. 도형 애니메이션을 이용하여 문제에 답을 표시하고, 화살표 애니메이션을 넣어 과학 원리에 생동감을 주는 슬라이드를 만들어 봅니다.

무엇을 배우나요?
★ 도형 애니메이션을 설정하는 방법을 학습합니다.
★ 화살표 애니메이션을 설정하는 방법을 학습합니다.

완성화면 미리보기

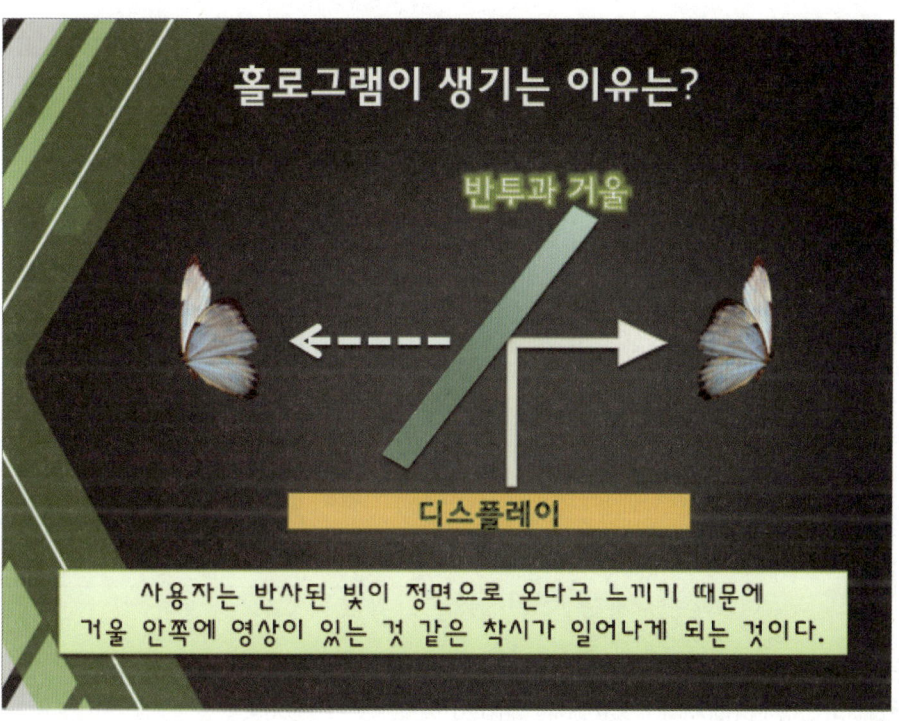

수업 길잡이
- **난이도** ★★★★☆
- **예제파일** Chapter19₩애니메이션2_시작.show
- **학습기능** 도형 애니메이션 설정, 화살표 애니메이션 설정

🔍 **이 학습과 예제를 통해** 홀로그램이 어떤 원리로 생기는지에 대하여 애니메이션 효과로 나타낼 수 있어요. 도형에 애니메이션 효과를 주어 퀴즈를 만들고, 과학 원리에 맞는 진행 방향이나 위치 등을 표현하여 슬라이드에 생동감을 부여할 수 있어요.

 ## 도형 애니메이션 설정하기

1 예제파일을 열고 두 번째 슬라이드로 이동한 뒤, 사다리꼴 도형을 선택하고 [애니메이션] 탭-[애니메이션 스타일] 테마의 [자세히](▼)를 클릭하여 [강조 다른 효과]를 선택합니다.

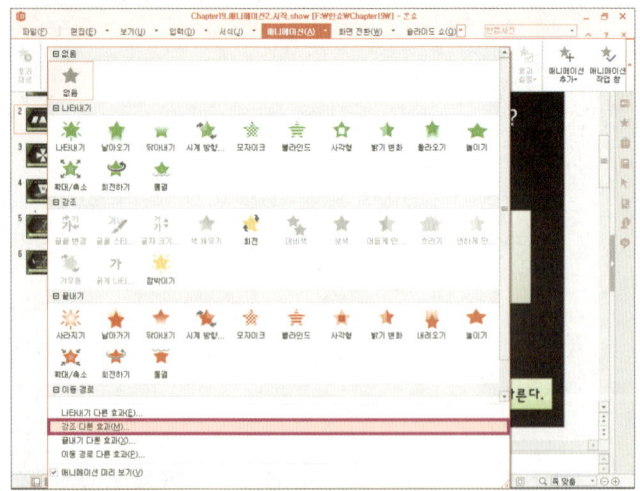

2 [강조 애니메이션 효과 변경] 대화상자의 [크게]를 선택하고 [적용]을 클릭합니다.

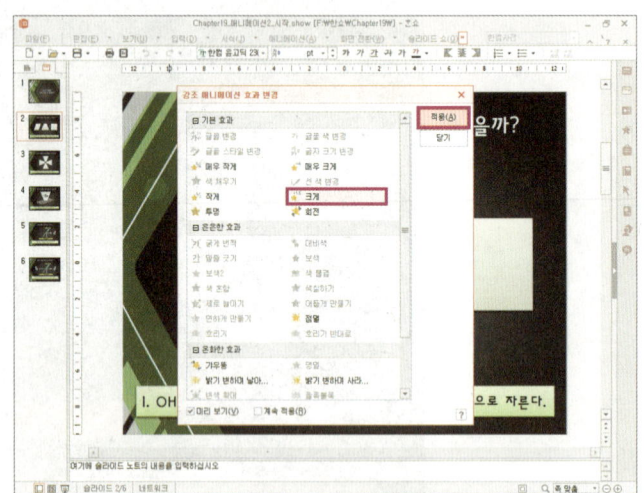

3 평행사변형과 정사각형 도형을 선택하고 [애니메이션] 탭-[애니메이션 스타일] 테마의 [자세히](▼)를 클릭하여 [끝내기]-[수축]을 선택합니다.

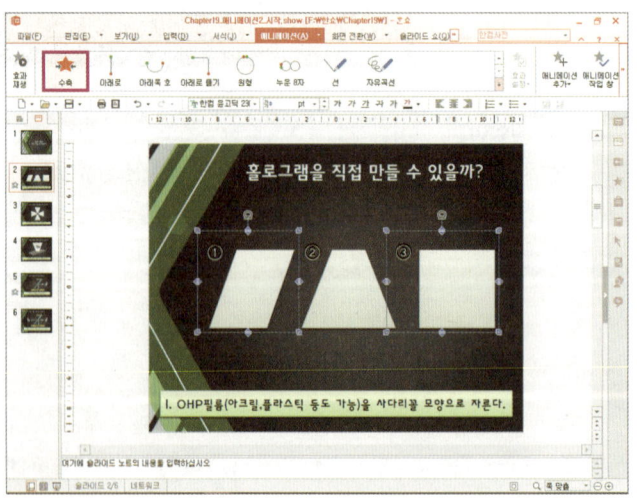

> 🚩 **TIP**
> 두 개의 도형을 선택할 때는 도형 한 개를 클릭한 후 키보드의 Ctrl 이나 Shift 를 누른 상태에서 다른 도형을 클릭합니다.

4 평행사변형과 정사각형 도형을 선택하고 [애니메이션] 탭-[시작] 펼침 단추(·)를 클릭하여 [이전 효과와 함께]를 선택합니다.

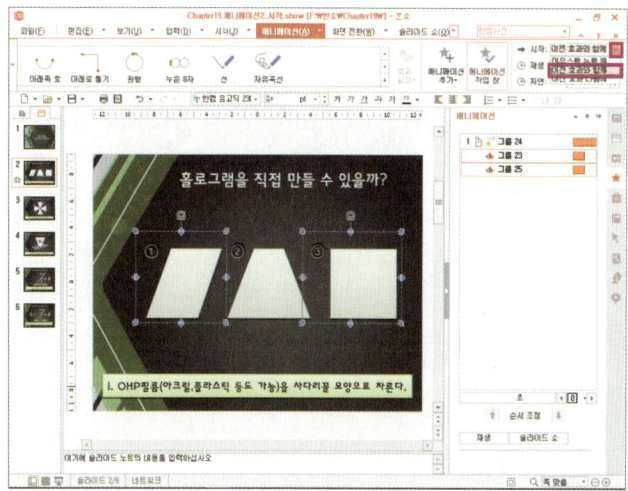

5 [애니메이션] 탭-[효과 재생]( )을 클릭하여 애니메이션을 확인합니다.

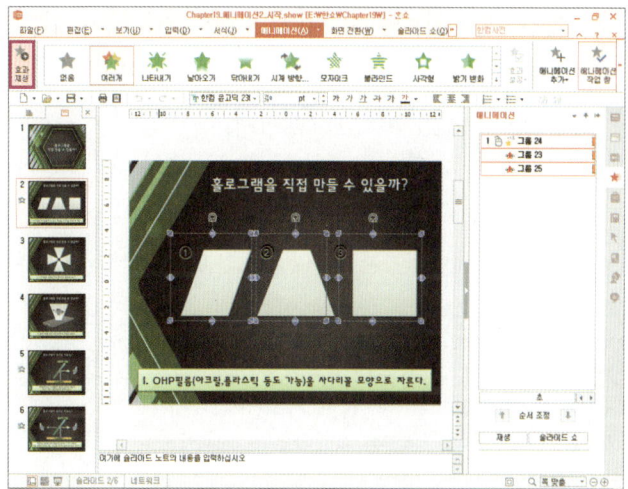

 ## 화살표 애니메이션 설정하기

1. 다섯 번째 슬라이드로 이동한 뒤, 화살표 도형을 선택하고 [애니메이션] 탭-[애니메이션 스타일] 테마의 [자세히]를 클릭하여 [나타내기]-[닦아내기]를 선택합니다.

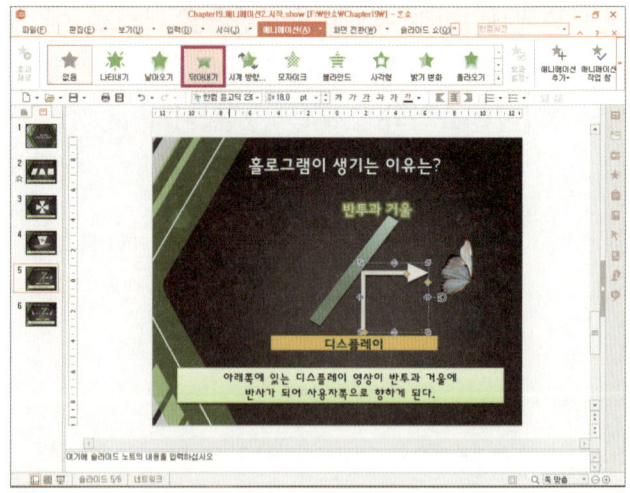

2. [애니메이션] 탭-[애니메이션] 작업 창의 애니메이션 효과에 마우스 오른쪽 버튼을 누른 후 [효과 설정]을 선택합니다.

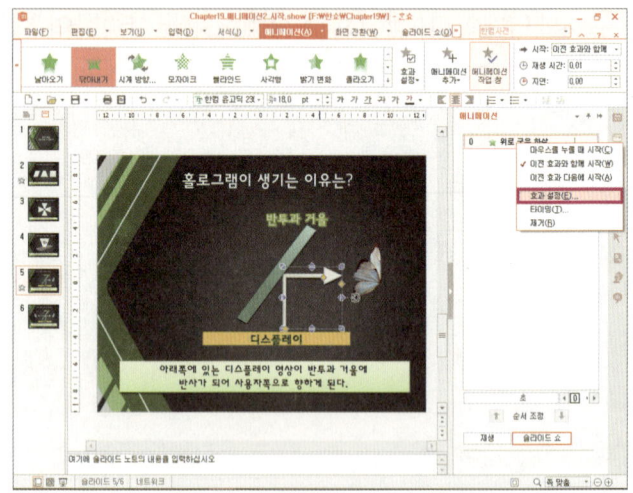

3. [애니메이션] 대화상자의 [효과] 탭-[방향]-[오른쪽으로]를 선택합니다.

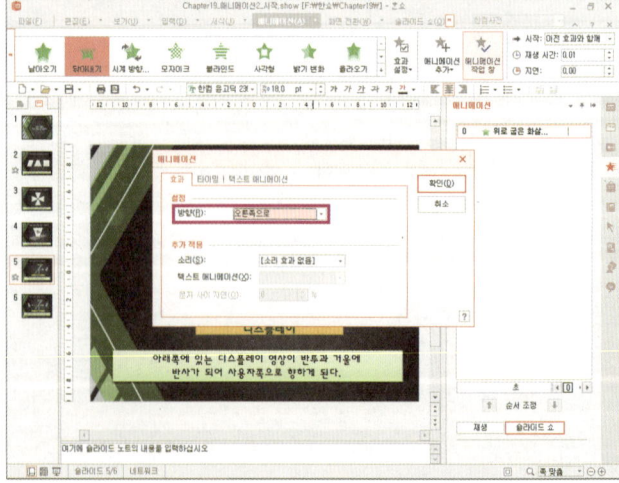

4 [타이밍] 탭으로 이동하여 [시작]-[이전 효과와 함께], [재생 시간]-[중간], [반복]-[슬라이드가 끝날 때까지]로 설정하고 [확인]을 클릭합니다.

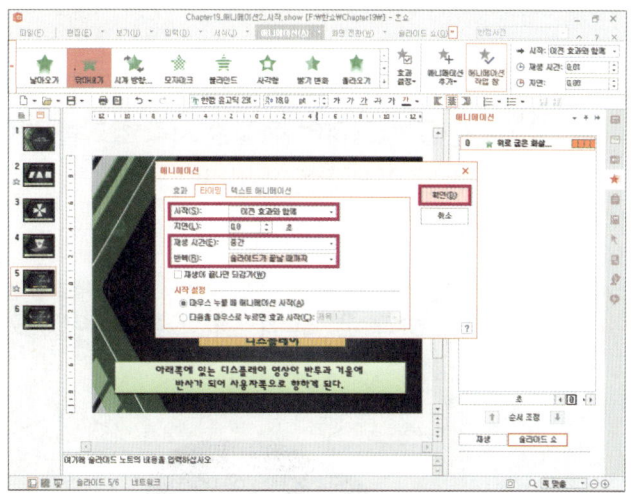

5 [애니메이션] 탭-[애니메이션 스타일] 테마의 [자세히](▼)를 클릭하여 [나타내기]-[밝기 변화]를 선택하고, [시작]-[이전 효과 다음에 시작]으로 선택합니다.

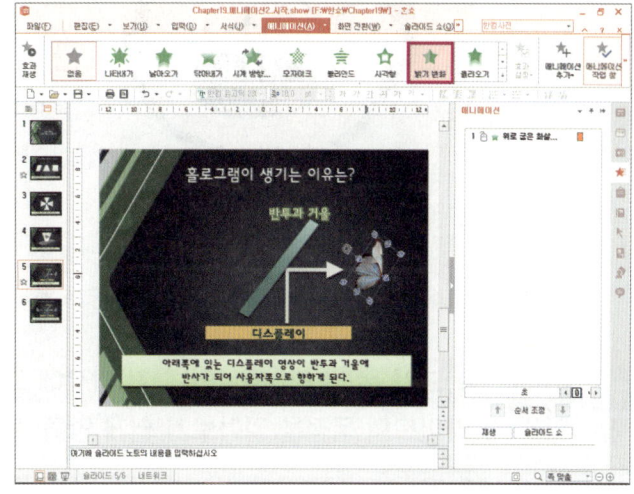

6 [애니메이션] 탭-[효과 재생](▶)을 클릭하여 애니메이션을 확인합니다.

7 위와 같은 방법으로 여섯 번째 슬라이드의 화살표와 도형에도 애니메이션 효과를 적용합니다. F5 를 눌러 슬라이드 쇼로 전체 애니메이션을 확인합니다.

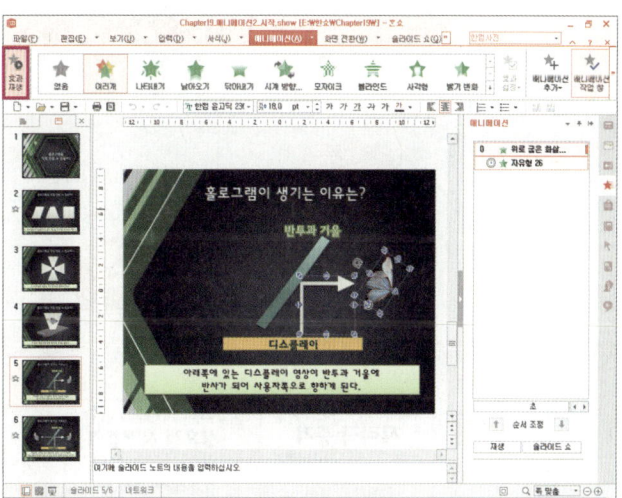

CHAPTER 19 홀로그램이 생기는 이유는 뭘까?

연습문제 풀어보기!

1 하품을 하면 눈물이 나오는 원리를 이해해 보았습니다. 도형 애니메이션과 화살표 애니메이션을 적용하여 적절한 시각 효과를 부여하고, 실행되는 반복 주기를 정하여 슬라이드를 생동감 있게 만들어 봅니다.

예제파일 Chapter19₩연습문제1_시작.show

2 독도가 우리나라 영토인 증거 자료에 도형 애니메이션과 화살표 애니메이션을 적용하여 슬라이드의 목적을 알아보기 쉽게 만들어 봅니다.

예제파일 Chapter19₩연습문제2_시작.show

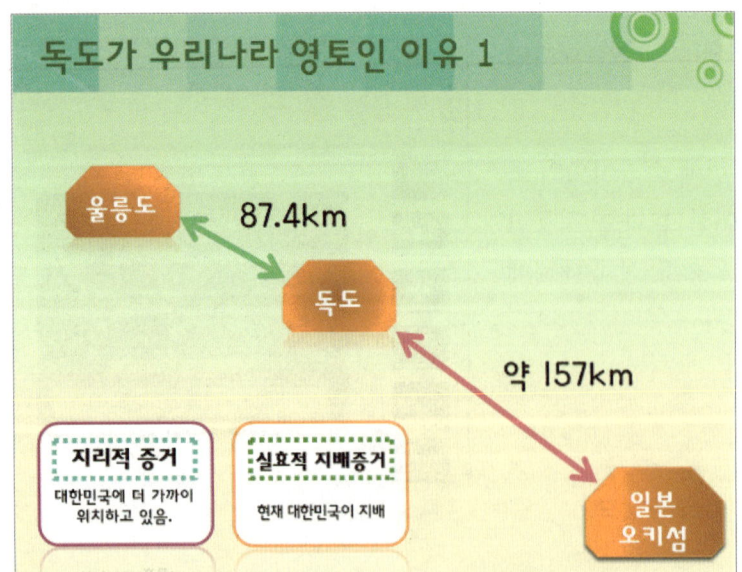

Chapter 20
물속에서도 꺼지지 않는 불꽃을 만들어 볼까?

불꽃은 물을 만나면 꺼지는 것이 상식이지만 물속에서도 꺼지지 않는 불꽃을 만들 수 있음을 학습했었습니다. 물속에서도 꺼지지 않는 불꽃을 만드는 실험 영상을 첨부하여 이해하기 쉬운 과학 자료를 만들어 보세요.

무엇을 배우나요?
★ 동영상을 슬라이드에 삽입하는 방법을 학습합니다.
★ 유튜브에서 동영상을 검색하고 슬라이드에 삽입하는 방법을 학습합니다.

완성화면 미리보기

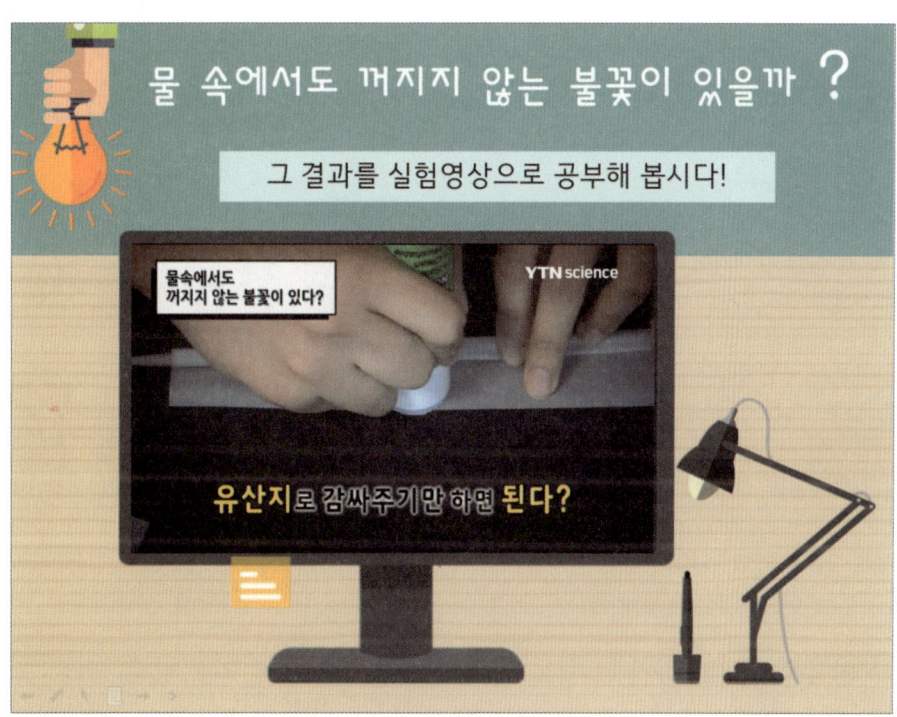

수업 길잡이

[난이도] ★★★★☆
[예제파일] Chapter20₩과학실험_시작.show, 실험동영상.mp4(출처 : YTN science)
[학습기능] 동영상 삽입, 웹 동영상 삽입

🔍 **이 학습과 예제를 통해** 물속에서도 불꽃이 꺼지지 않으려면 어떻게 해야 하는지 알 수 있어요. 실험 결과 자료에 실험 동영상을 삽입하여 이해를 돕고 멋진 과학 자료를 유튜브에서 검색하여 슬라이드에 삽입할 수 있어요.

 ## 동영상 삽입하기

1 예제파일을 열고 다섯 번째 슬라이드로 이동한 뒤, [입력] 탭-[동영상]( )을 클릭하여 [동영상 넣기]를 선택합니다.

2 [동영상 넣기] 대화상자에서 '실험동영상.mp4'를 선택 후 [열기]를 클릭합니다.

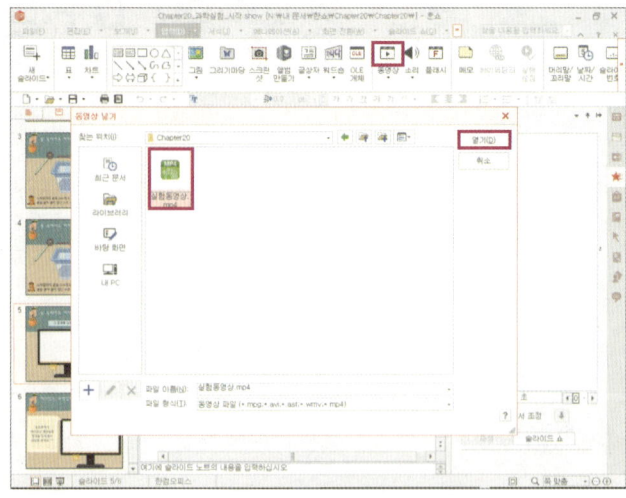

3 [미디어 삽입] 대화상자에서 [확인]을 클릭합니다.

> **TIP**
>
> **슬라이드 쇼 실행 시 미디어 시작**
> ① 마우스 클릭으로 실행 : 슬라이드 쇼를 진행할 때, 삽입한 동영상을 마우스로 클릭하면 해당 파일이 바로 실행됩니다.
> ② 자동 실행 : 슬라이드 쇼를 실행할 때 삽입한 동영상이 자동으로 실행됩니다.
> * 삽입한 동영상을 선택하고 메뉴 [멀티 미디어]( )-[시작]에서 슬라이드 쇼 실행 시 미디어 시작 옵션을 설정할 수 있습니다.

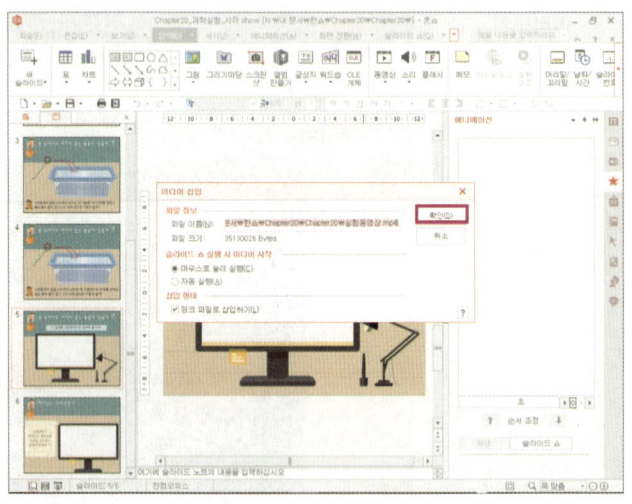

4 삽입한 동영상을 모니터 화면 크기로 적당하게 조절합니다. 왼쪽 아래 [현재 슬라이드부터 슬라이드 쇼( )]를 클릭하여 슬라이드 쇼 화면에서 동영상을 재생해 봅니다.

> **TIP**
>
> [현재 슬라이드부터 슬라이드 쇼] 단축키 :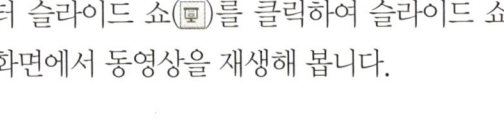

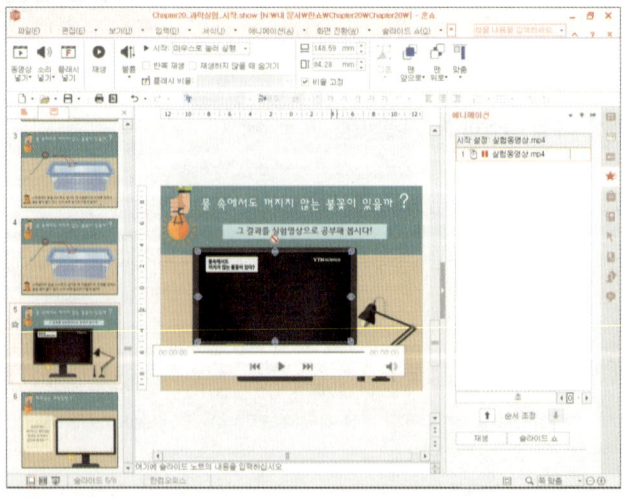

 처음 시작하는 한쇼 NEO

 ## 웹 동영상 삽입하기

1. 유튜브(http://www.youtube.com)에 접속한 뒤, '재미있는 과학실험'을 검색하여 원하는 영상을 클릭합니다.

2. 주소 입력줄에 있는 동영상 주소를 블록 설정한 다음 **Ctrl** + **C**를 눌러 복사합니다.

3. 여섯 번째 슬라이드로 이동한 뒤, [입력] 탭-[동영상](▣)을 클릭하여 [웹 동영상]을 선택합니다.

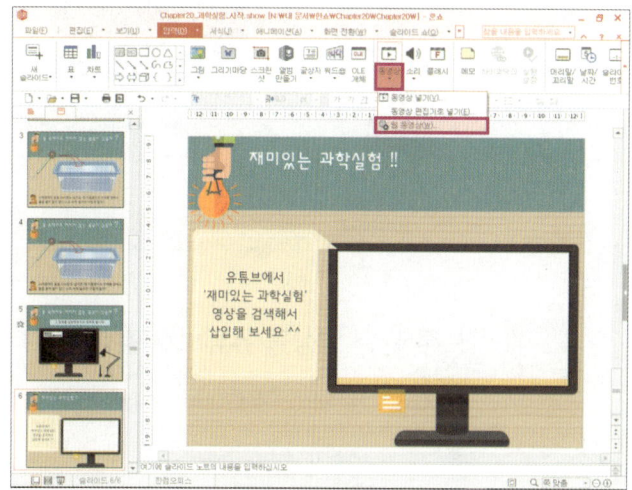

4. [웹 동영상 넣기] 대화상자의 [동영상 태그] 입력란을 클릭하고 **Ctrl** + **V**를 눌러 복사한 동영상 주소를 붙여넣기합니다.

5. 삽입한 동영상을 모니터 화면 크기로 적당하게 조절한 다음 **Shift** + **F5**를 눌러 슬라이드 쇼 화면에서 동영상을 재생합니다.

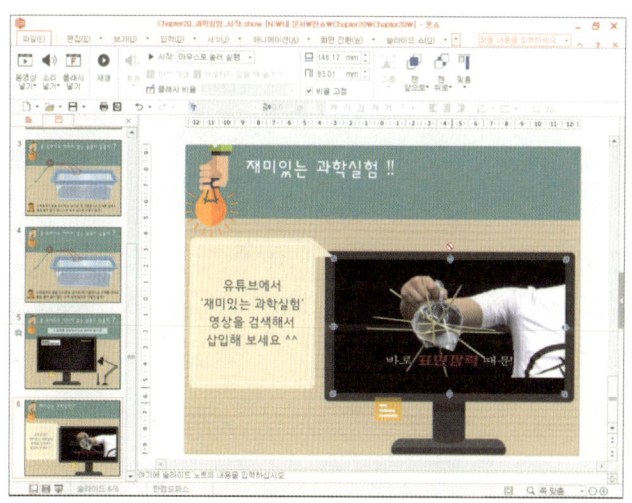

연습문제 풀어보기!

1 슬라이드 쇼 실행 시 다섯 번째 슬라이드에 삽입된 동영상이 자동으로 재생되도록 설정해 봅니다.

예제파일 Chapter20₩연습문제1_시작.show

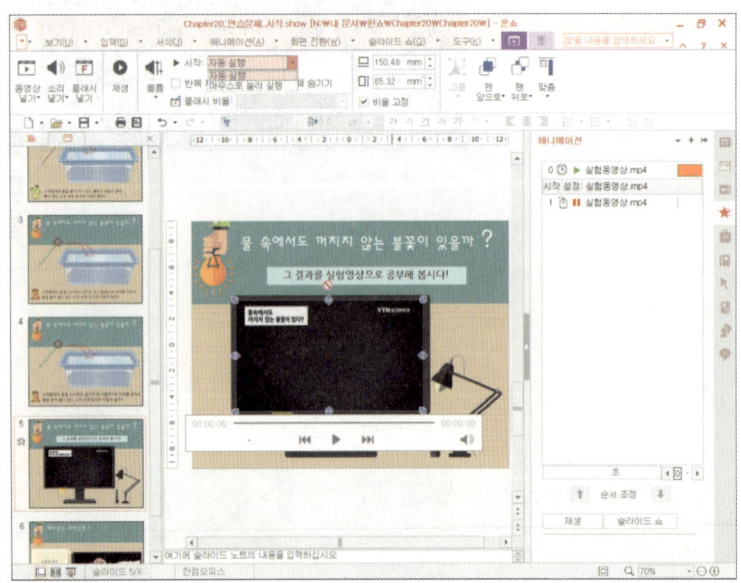

2 드론 관련 영상을 유튜브로 검색하여 네 번째 슬라이드에 삽입해 봅니다.

예제파일 Chapter20₩연습문제2_시작.show

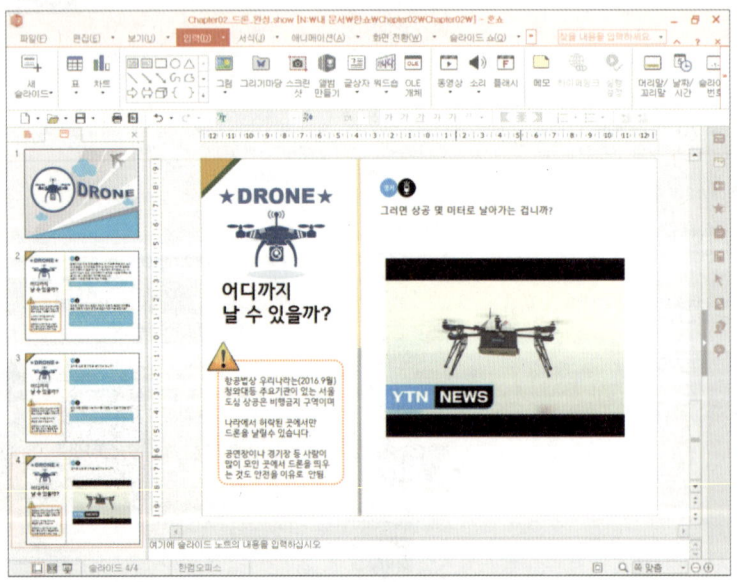

Chapter 21
공포 영화를 보면 정말 시원해질까?(소리 넣기)

앞에서 왜 무서운 공포 영화를 보면 시원해지는 것 같은 느낌이 드는지 알아보았습니다. 이 슬라이드를 활용하여 유령들이 낼만한 소리를 삽입하고 유령 소리를 직접 만들어 봅니다. 슬라이드에 실험 소리를 넣어보세요.

무엇을 배우나요?
★ 소리 파일을 삽입하는 방법을 학습합니다.
★ 소리를 녹음하는 방법을 학습합니다.

완성화면 미리보기

수업 길잡이
- 난이도 ★★★★☆
- 예제파일 Chapter21₩유령소리_시작.show, 유령소리.mp3
- 학습기능 소리 파일 삽입, 소리 녹음

🔍 **이 학습과 예제를 통해** 움직이는 유령 그림에 소리를 입힘으로써 슬라이드를 더 생동적이게 만들 수 있습니다. 또 소리 파일을 이용하는 것뿐 아니라 직접 소리를 녹음하면서 유령이 어떤 소리를 낼지 생각하는 창의력이 커지는 학습을 할 수 있어요.

 ## 소리 파일 삽입하기

1. 예제파일을 열고 첫 번째 슬라이드로 이동한 뒤, [입력] 탭-[소리](◀))를 클릭하여 [소리 파일]을 선택합니다.

2. [소리 넣기] 대화상자에서 '유령소리.mp3'를 선택하고 [열기]를 클릭합니다.

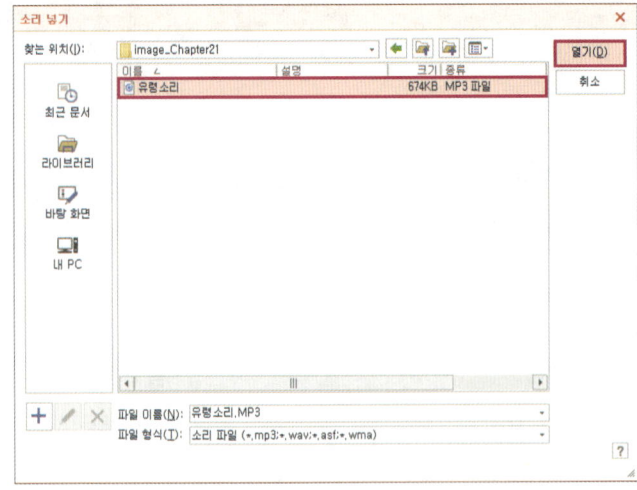

3. [미디어 삽입] 대화상자에서 [슬라이드 쇼 실행 시 미디어 시작]-[자동 실행]을 선택하고 [확인]을 클릭합니다.

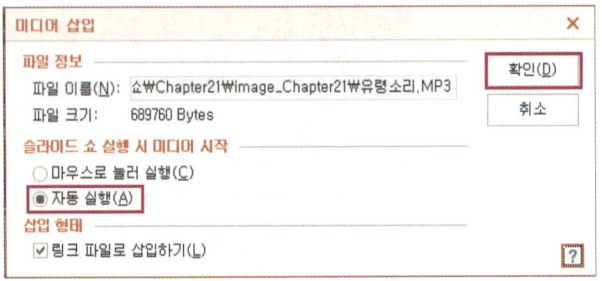

4. 소리가 삽입되면 소리와 함께 아이콘이 생기는데 이를 왼쪽 아래 손바닥 위로 이동합니다.

5. 소리 모양 도형을 선택한 상태에서 [소리] 탭(◀))-[반복 재생], [쇼 동안 숨기기]를 모두 선택 해제하고 F5 를 눌러 슬라이드 쇼를 실행시켜서 소리를 확인합니다.

반복 재생 여부는 [애니메이션] 대화상자의 [타이밍]에서도 설정 가능합니다.

 ## 소리 녹음하기

1. [입력] 탭-[소리](🔊)를 클릭하여 [소리 녹음]을 선택합니다.

2. [소리 녹음하기] 대화상자에서 [녹음](⏺)을 클릭해 녹음하고 끝나면 [정지](⏹)를 클릭합니다.

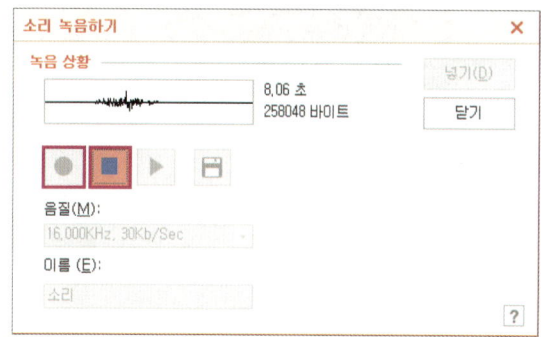

3. 만들어진 소리는 대화상자에 있는 [재생](▶)을 클릭하여 확인하고, [저장](💾)을 클릭하여 저장한 후 [넣기]를 클릭해 슬라이드에 삽입합니다.

4. 소리가 삽입되면 소리와 함께 아이콘이 생기는데 이를 오른쪽 위 손바닥 위로 이동합니다.

5. 소리 모양 도형을 선택한 상태에서 [소리] 탭(🔊)-[반복 재생], [쇼 동안 숨기기]를 모두 선택 해제하고 F5를 눌러 슬라이드 쇼를 실행시켜서 소리를 확인합니다.

연습문제 풀어보기!

1 우리나라 문화재 중 국보 제1호, 2호, 보물 제1호, 2호에 대한 내레이션을 슬라이드에 삽입해 봅니다.

예제파일 Chapter21₩연습문제1_시작.show, 연습문제1 소리 폴더

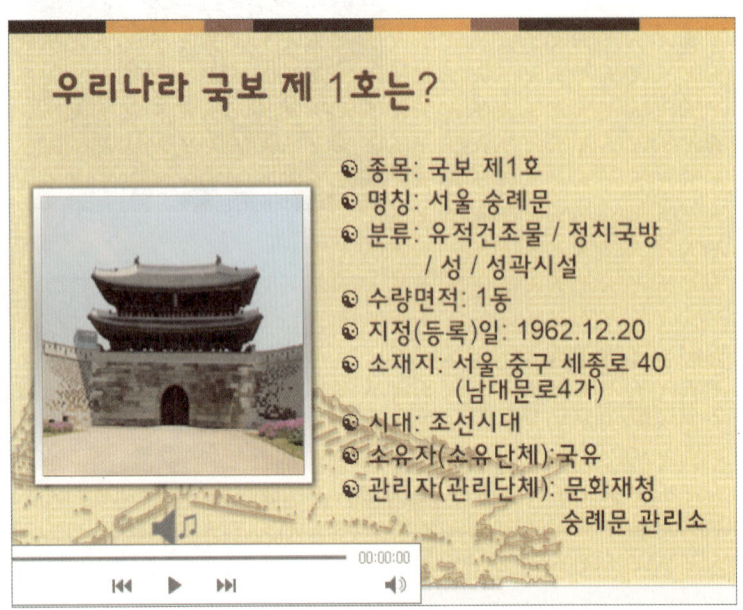

2 도형의 애니메이션 효과와 소리 파일 삽입해 봅니다. 레코드가 돌아가는 것처럼 효과를 주고 '그날에.mp4'를 삽입해 봅니다.

예제파일 Chapter21₩연습문제2_시작.show, 그날에.mp4

Chapter 22
나는 자라서 무엇이 될까? (슬라이드 마스터)

슬라이드를 추가할 때마다 삽입하고 수정해야 하는 불편함을 느껴보셨나요? 새로 만든 디자인도 액자처럼 고정된 틀로 만든다면 안의 내용만 바꾸면 되니 편할 텐데 말이에요. 이런 액자 같은 기능을 하는 슬라이드 마스터를 이용하여 슬라이드의 디자인을 고정하는 방법을 학습합니다.

무엇을 배우나요?
★ 슬라이드 마스터를 편집하는 방법을 학습합니다.
★ 슬라이드에 번호를 넣는 방법을 학습합니다.

완성화면 미리보기

수업 길잡이
- 난이도 ★★★★☆
- 예제파일 Chapter22₩마스터_시작.show
- 학습기능 슬라이드 마스터 편집, 페이지 번호 삽입

🔍 **이 학습과 예제를 통해** 초등학생이 선호하는 직업을 알 수 있어요. 내 장래희망을 선택하는데 있어 큰 도움을 받을 수 있고 다른 친구들은 어떤 직업을 희망하는지 분석해 볼 수도 있어요. 새로 만든 디자인을 액자처럼 고정된 틀로 만들 수 있는 슬라이드 마스터 편집 기능을 이용하여 고정 슬라이드 디자인을 만들고, 페이지 번호를 삽입하여 페이지에 순서를 정하는 방법도 학습할 수 있어요.

슬라이드 마스터 편집하기

1. 예제파일을 열고 [보기] 탭-[슬라이드 마스터]( )를 클릭합니다.

2. [슬라이드 마스터] 탭(슬라이드 마스터)이 활성화되면 [제목 슬라이드 레이아웃]을 클릭하고 [제목 슬라이드 레이아웃]에 있는 [구름] 디자인을 선택합니다.

3. 마우스 오른쪽 버튼을 눌러 [복사하기]를 선택하고, 다시 마우스 오른쪽 버튼을 눌러 [붙이기]를 선택해 붙여넣습니다.

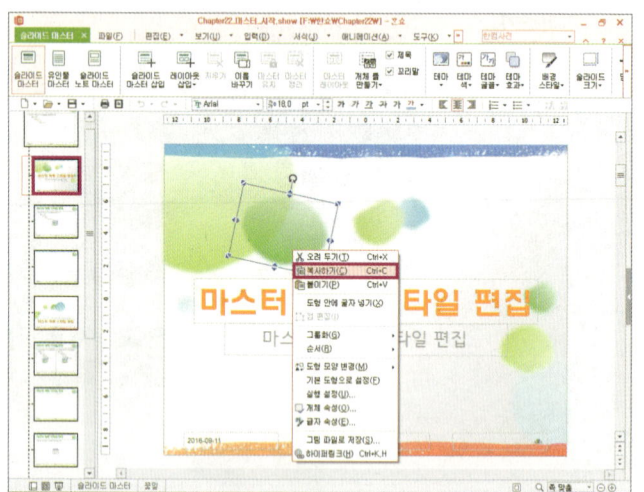

4. 붙여넣은 [구름] 디자인을 드래그하여 위치를 조절합니다. 위와 마찬가지로 복사하기와 붙이기 작업을 반복하여 [제목 슬라이드 레이아웃]을 꾸밉니다.

5 [구름] 디자인을 더블클릭하고 [개체 속성] 대화상자의 [채우기] 탭-중지점 색]을 임의의 색으로 변경하여 슬라이드를 꾸밉니다. [설정]을 클릭합니다.

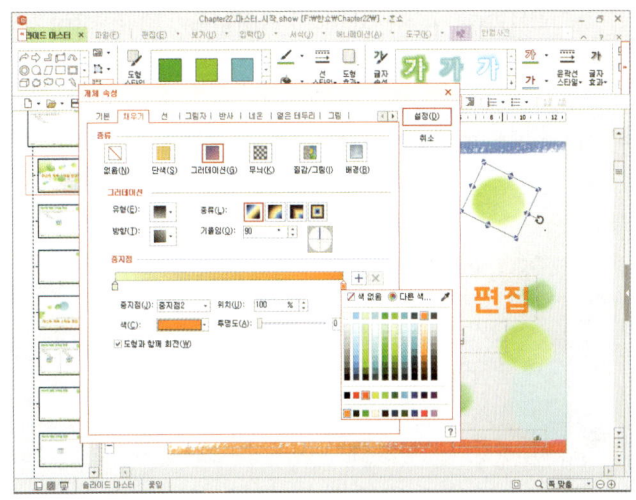

6 [구름] 디자인을 복사하고 붙여넣기를 해 [내용 2개 레이아웃], [제목만 레이아웃], [목차 레이아웃]도 디자인합니다.

7 [슬라이드 마스터] 탭(슬라이드 마스터)-[닫기] ( )를 클릭하여 슬라이드 마스터를 종료합니다. 슬라이드에 잘 적용되었는지 확인합니다.

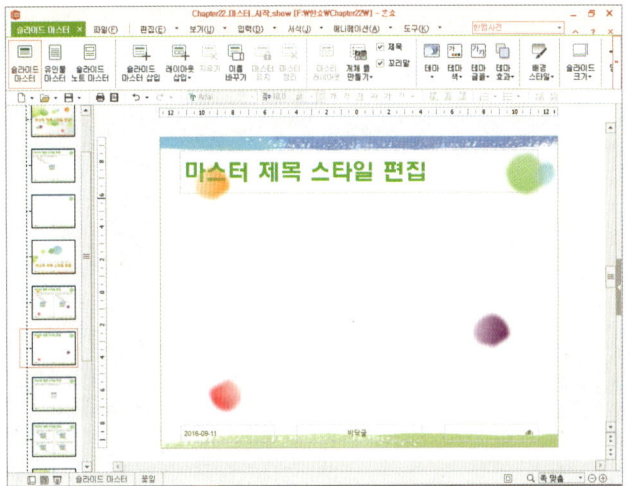

 ## 슬라이드 페이지 번호 삽입하기

1 [보기] 탭-[슬라이드 마스터]()를 클릭합니다.

2 [슬라이드 마스터] 탭(슬라이드 마스터)의 [꽃잎 슬라이드 마스터]를 클릭합니다.

> **TiP**
> [슬라이드 마스터] 슬라이드에서 설정하지 않고 [개별 슬라이드 레이아웃]에서 설정하면 그 레이아웃이 사용되는 슬라이드에서만 설정한 내용이 적용됩니다.

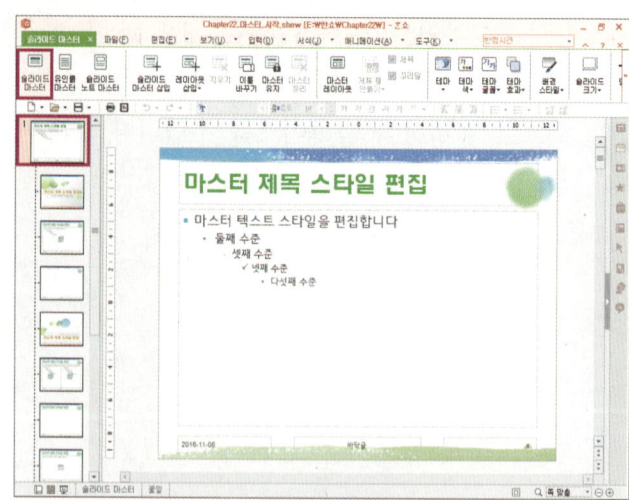

3 슬라이드에서 오른쪽 아래에 있는 텍스트 상자의 〈#〉을 드래그하여 다음과 같이 설정합니다.

> **글자 설정 값**
> ① 글자 크기 : 24pt ② 글자 속성 : 진하게 ③ 글자 색 : 강조1

> **TiP**
> 〈#〉은 슬라이드의 페이지 번호가 자동으로 생성되는 기호입니다. 지정된 번호나 문자를 사용하려면 〈#〉 대신 숫자나 문자를 입력하면 됩니다.

4 [슬라이드 마스터] 탭(슬라이드 마스터)-[닫기]()를 클릭하여 슬라이드 마스터를 종료한 후 [입력] 탭-[머리말/꼬리말](□)을 클릭합니다.

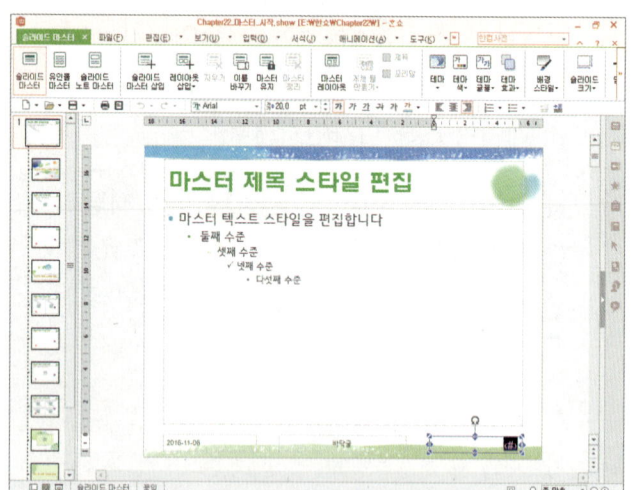

5 [머리말/꼬리말] 대화상자의 [슬라이드] 탭-[표시 항목]에서 [슬라이드 번호]와 [제목 슬라이드에는 표시 안 함]을 선택한 후 [모두 적용]을 클릭합니다.

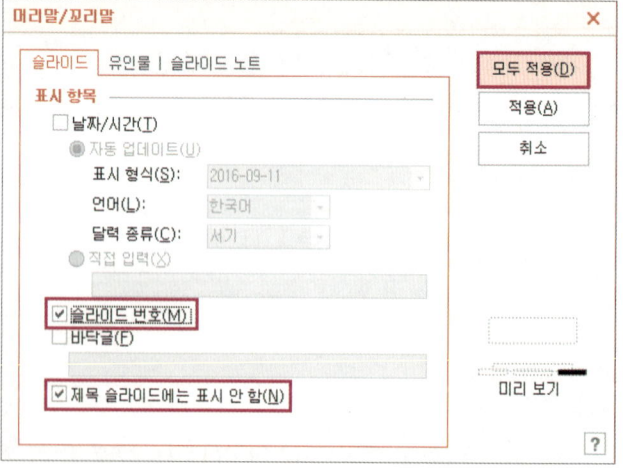

연습문제 풀어보기!

1 슬라이드 마스터 기능을 이용하여 슬라이드를 추가하여도 항상 같은 형식이 될 수 있도록 [제목 슬라이드 레이아웃]과 [제목 및 내용 레이아웃]을 고정하여 슬라이드를 구성해 봅니다.

예제파일 Chapter22₩연습문제1_시작.show

2 슬라이드 마스터 기능을 이용하여 '책 슬라이드 마스터'로 슬라이드 페이지 번호를 매기고, [제목 및 내용 레이아웃]으로 내가 만든 모양 또는 그림을 삽입하여 슬라이드를 구성해 봅니다.

예제파일 Chapter22₩연습문제2_시작.show

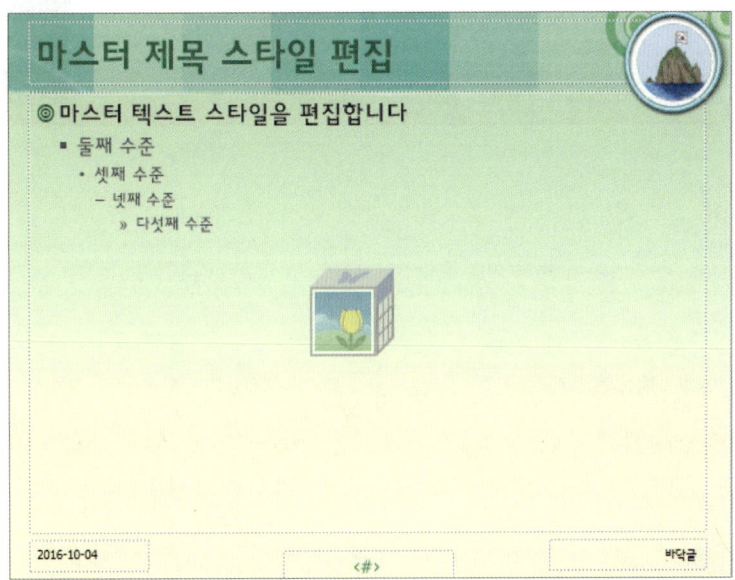

Chapter 23
한쇼 작업물을 다른 형식으로 만들 수 있을까?

슬라이드로 작업한 문서들을 다른 형식으로 저장할 수 없을까요? 내가 만든 슬라이드를 모바일에서도 쉽게 볼 수 있는 파일 형식으로 저장하여 어디서나 볼 수 있게 하고, 다른 사람이 수정할 수 없게 PDF 파일로 저장하는 방법을 학습합니다.

무엇을 배우나요?

★ PDF 문서로 저장하는 방법을 학습합니다.
★ 모바일 최적화 문서로 저장하는 방법을 학습합니다.

완성화면 미리보기

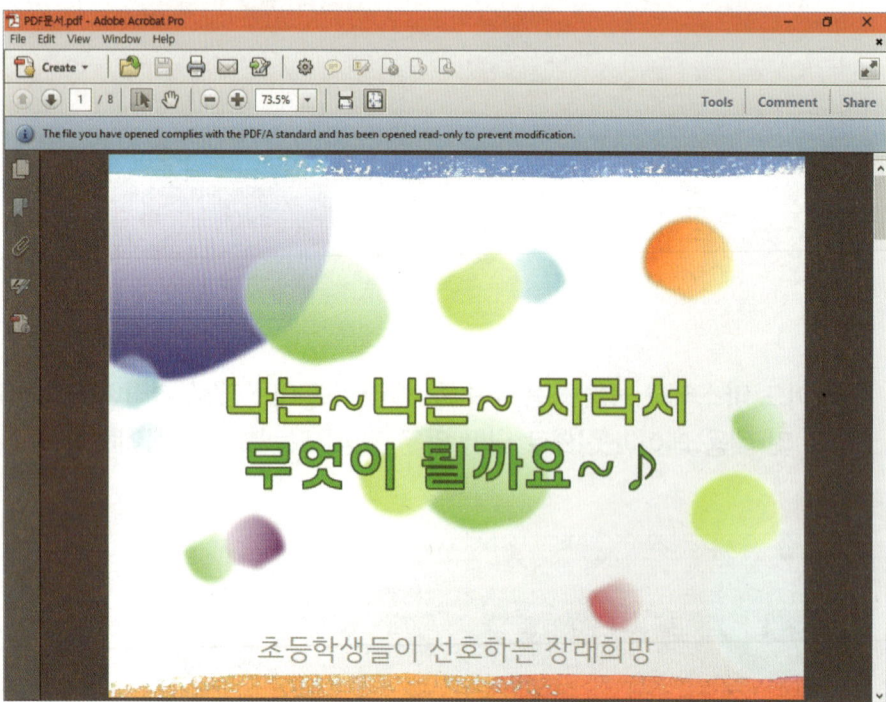

수업 길잡이

- 난이도 ★★★★☆
- 예제파일 Chapter23₩문서자료_시작.show
- 학습기능 PDF 문서 생성, 모바일 최적화 문서 생성

🔍 **이 학습과 예제를 통해** 내가 만든 슬라이드를 PDF 문서로 만들어 나만의 파일로 제작하고, 모바일 최적화 문서로 저장하여 모바일에서도 쉽게 슬라이드를 볼 수 있게 할 수 있어요. 내가 만든 파일을 다른 형식으로 저장해 언제 어디서나 적절히 활용해 보세요.

PDF 문서 만들기

1 예제파일을 열고 [파일] 탭–[다른 이름으로 저장하기]를 선택합니다.

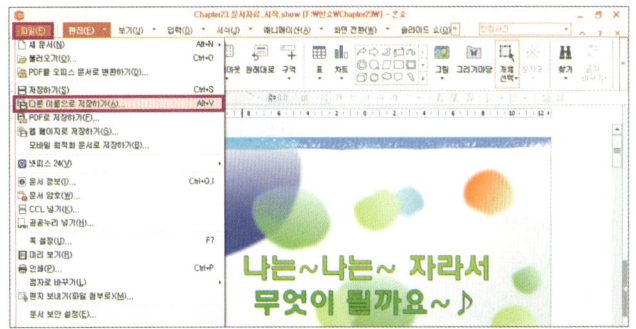

2 [다른 이름으로 저장하기] 대화상자에서 저장 위치를 설정한 후 [파일 형식]–[PDF, PDF/A 문서]로 선택하여 변경합니다.

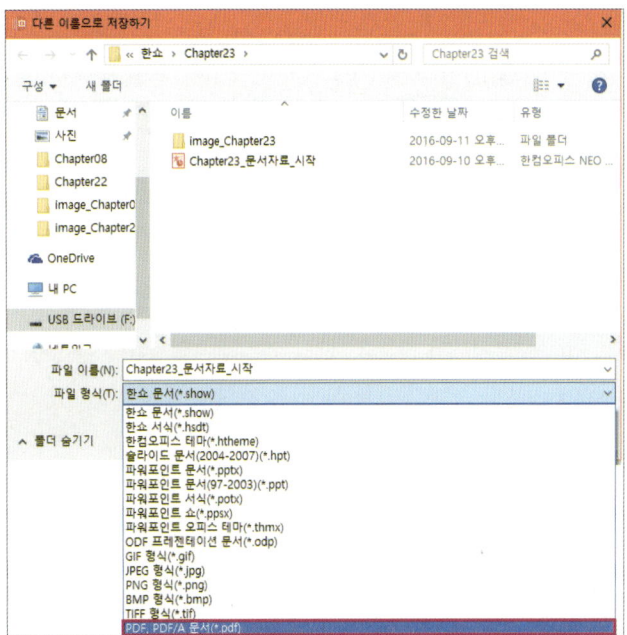

3 [파일 이름]에 'PDF 문서'를 입력하고 [저장]을 클릭합니다.

4 PDF 문서로 저장된 것을 확인합니다.

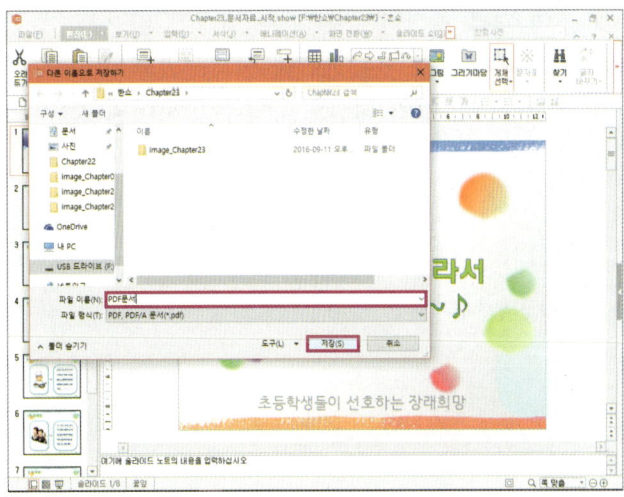

> **TiP**
> [다른 이름으로 저장하기]를 사용하지 않아도 'PDF 문서'로 저장하는 파일은 [파일] 탭–[PDF로 저장하기]를 선택하여 바로 저장 가능합니다.

 ## 모바일 최적화 문서 저장하기

1. [파일] 탭-[모바일 최적화 문서로 저장하기]를 선택합니다.

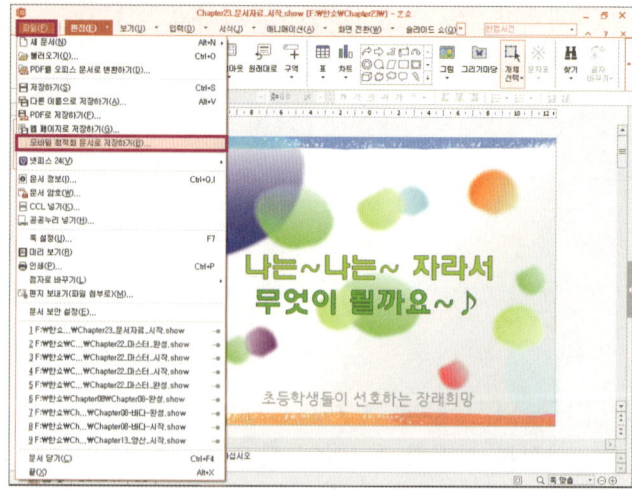

2. [모바일 최적화 문서로 저장하기] 대화상자에서 [파일 이름]에 '모바일 문서'를 입력하고 [저장]을 클릭합니다.

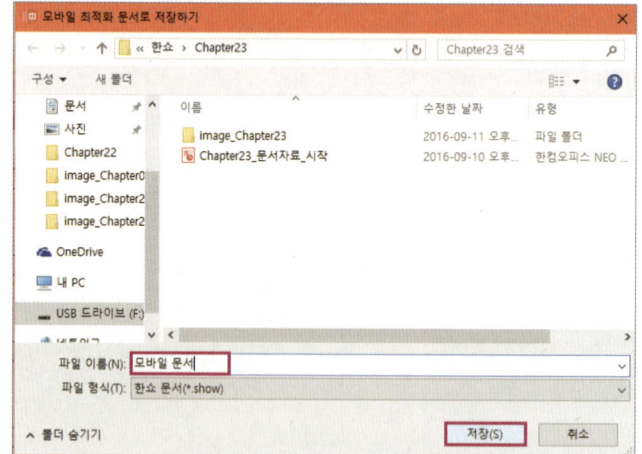

3. [저장]을 클릭하면 [모바일 최적화 문서로 저장하기] 창이 나타나는데 차트, OLE 개체를 그림으로, 그림 해상도를 낮추어 모바일 지원이 가능한 이미지 형식으로 바꾸어 저장하겠는지에 대한 내용으로 확인 후 [저장]을 클릭합니다. 모바일 최적화 파일로 저장된 것을 확인합니다.

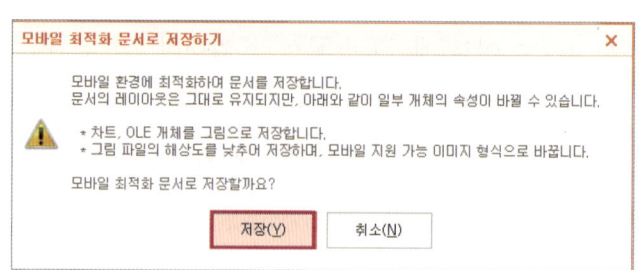

1 슬라이드를 PDF 형식으로 저장하여 수정할 수 없는 파일로 만들어 봅니다.

`예제파일` Chapter23\연습문제1_시작.show

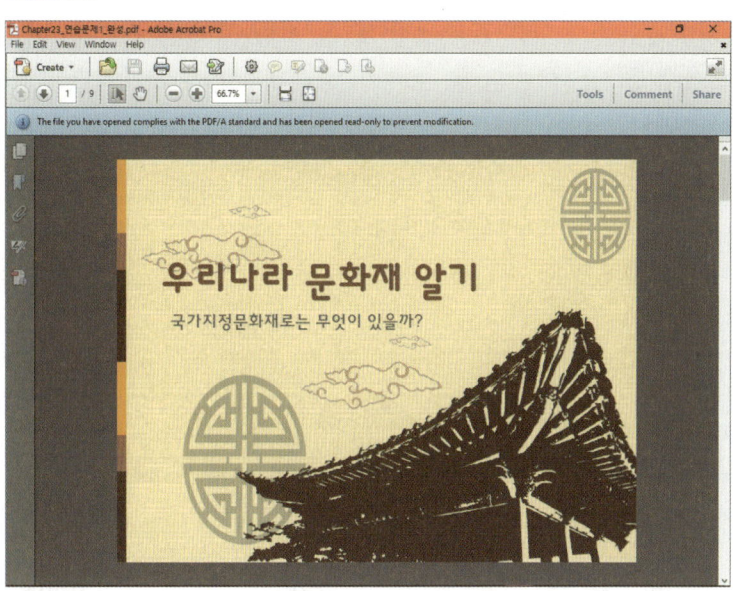

2 슬라이드를 PDF 형식과 모바일 최적화 파일로 만들어봅니다. 모바일 최적화 파일로 모바일에서도 쉽게 볼 수 있는 파일 형식으로 만들 수 있습니다.

`예제파일` Chapter23\연습문제2_시작.show

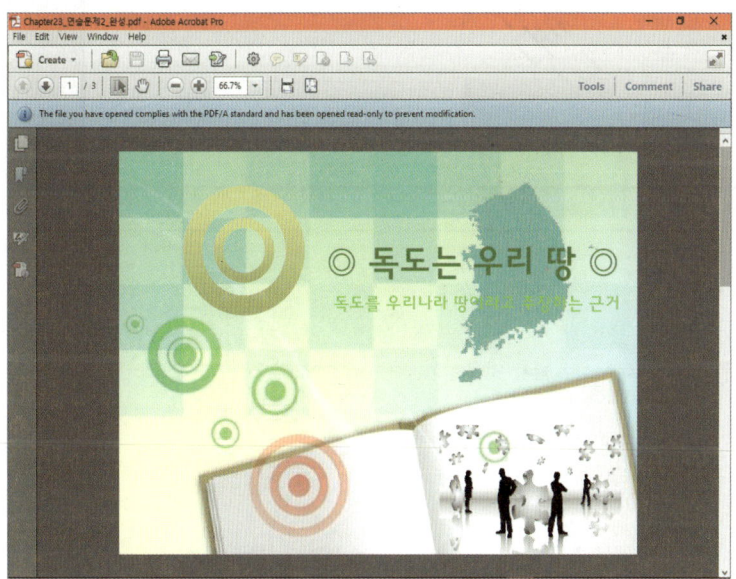

Chapter 24 PDF 문서를 한쇼에서 편집할 수 있을까?

PDF 문서는 수정을 할 수 없습니다. 그런데 PDF 문서를 한쇼에서 오피스 문서로 변환하면 수정이 가능하다는 것을 알고 있나요? PDF 문서를 오피스 문서로 바꾸어 수정하고 싶은 부분을 수정하고, 인쇄 형식을 설정하여 나만의 유인물을 만드는 방법에 대하여 학습합니다.

무엇을 배우나요?

★ PDF 문서를 오피스 문서로 변환하는 방법을 학습합니다.

★ 인쇄를 설정하는 방법을 학습합니다.

완성화면 미리보기

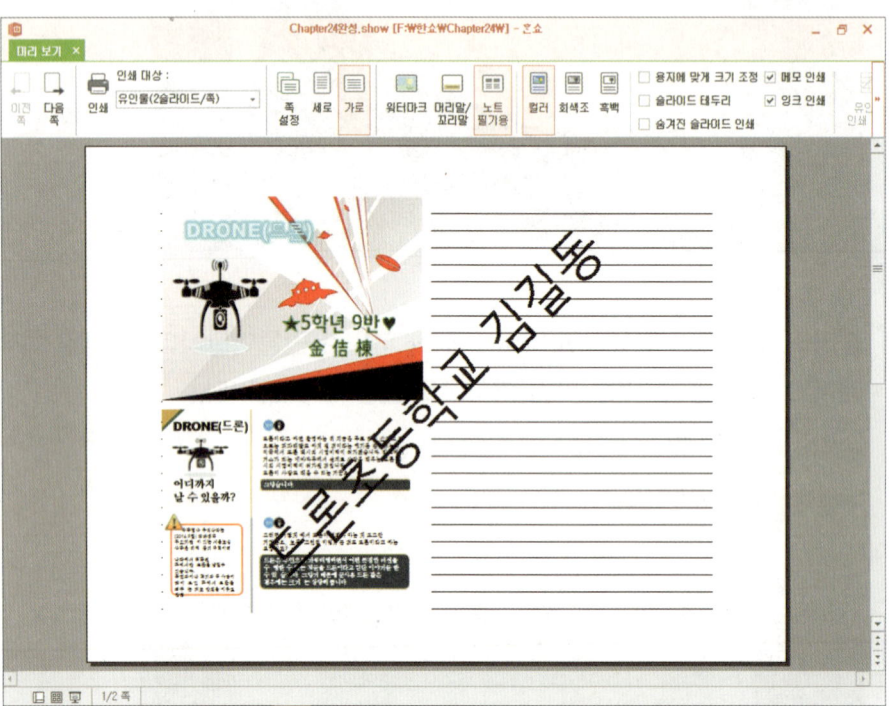

수업 길잡이

- **난이도** ★★★★☆
- **예제파일** Chapter24₩PDF 문서.pdf
- **학습기능** PDF 문서를 오피스 문서로 변환, 인쇄 설정

🔍 **이 학습과 예제를 통해** 수정할 수 없는 PDF 문서를 오피스 문서로 변환하여 수정할 수 있어요. 인쇄 설정으로 워터마크가 있는 유인물 형식으로 출력할 수 있고 이를 실제 수업 시간에 활용할 수 있어요. 같은 문서도 나만의 인쇄물로 바꾸어 개성을 살려보세요.

 ## PDF 문서를 오피스 문서로 변환하기

1 [파일] 탭-[PDF를 오피스 문서로 변환하기]를 선택하고 [PDF를 오피스 문서로 변환하기] 대화상자에서 'PDF 문서.pdf'를 선택하고 [열기]를 클릭합니다.

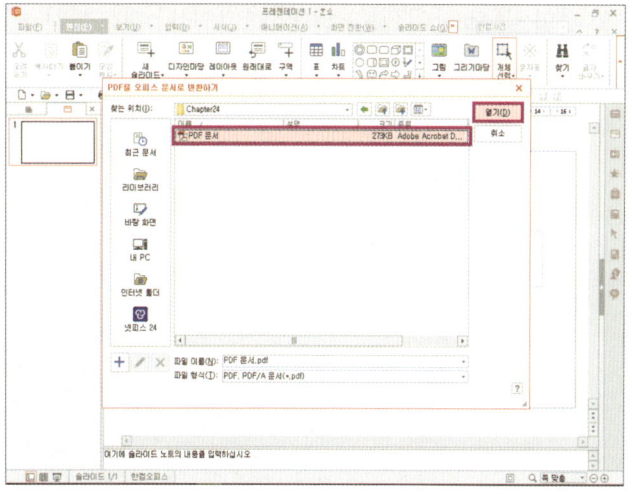

2 PDF 문서를 변환할 때 시간이 일정 시간이 소요됨과 원본과는 조금 다를 수 있음에 대한 경고 창이 나타나는데 살펴보고 [확인]을 클릭합니다.

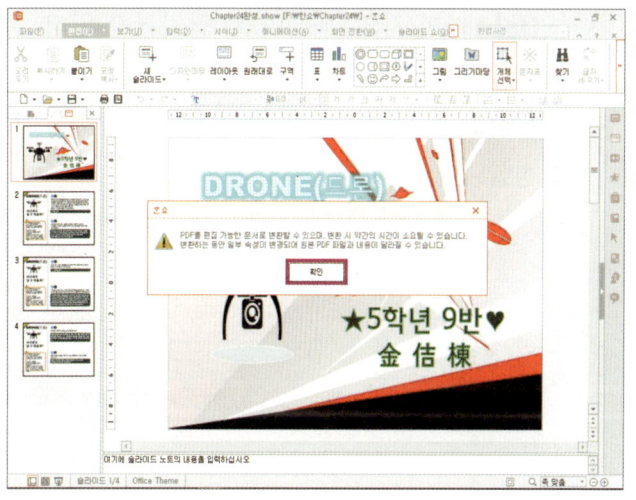

3 변환된 문서를 살펴보며 수정하고 싶은 부분을 수정하고 [파일] 탭-[다름 이름으로 저장하기]를 선택해 한쇼 문서로 저장합니다.

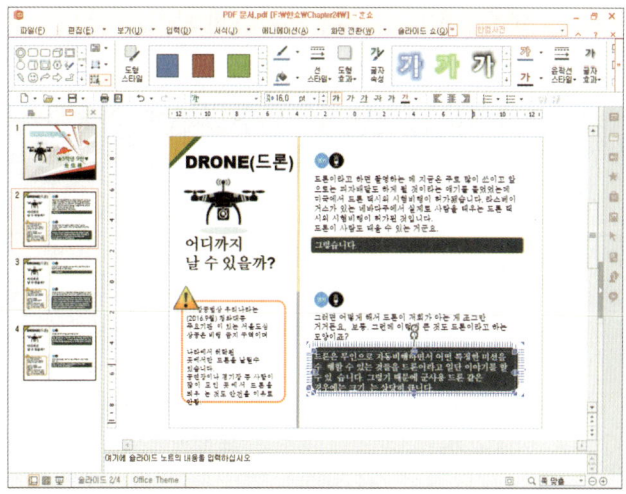

인쇄 설정하기

1 [파일] 탭-[인쇄]를 선택하고 [인쇄] 대화상자의 [인쇄 대상]을 [유인물]로 변경합니다.

2 [유인물]이 활성화되면 한 페이지에 들어갈 슬라이드 수를 설정하고, [노트 필기용]을 선택합니다.

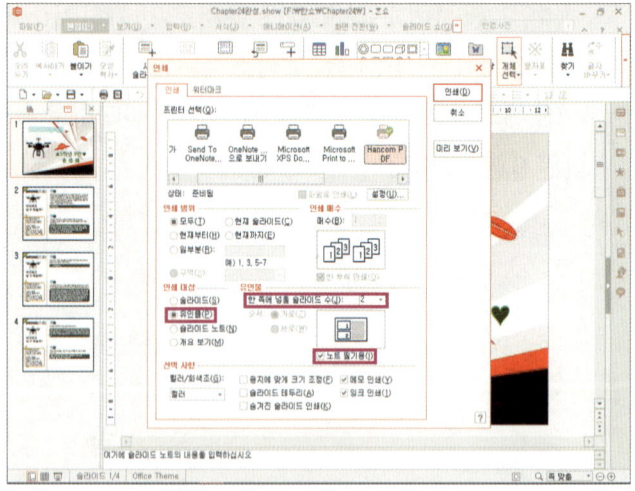

3 [인쇄] 대화상자의 [워터마크] 탭-[글자 워터마크]를 클릭하고, [글자 입력]에 넣을 문구를 입력하고, [글자 크기], [각도], [투명도] 등을 설정합니다.

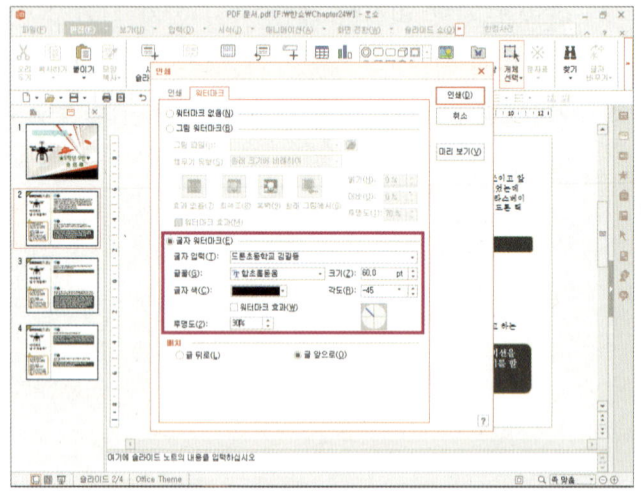

4 설정 후 [미리 보기]를 클릭하여 확인한 뒤 [인쇄]를 클릭해 인쇄합니다.

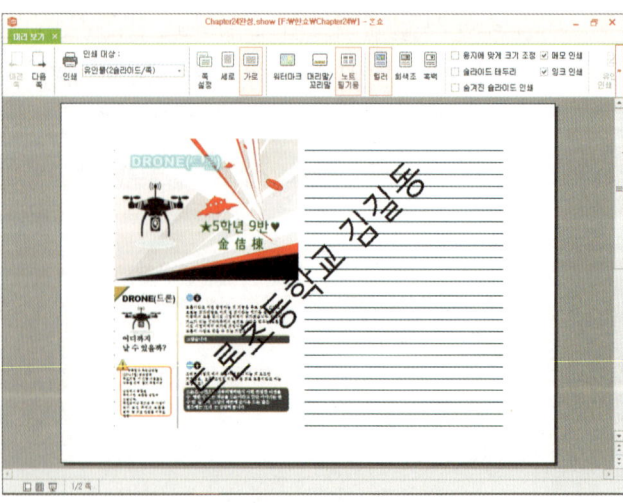

TIP
내가 좋아하는 그림으로 [그림 워터마크]를 삽입한 인쇄도 가능합니다.

연습문제 풀어보기!

1 PDF 파일을 한쇼로 불러와 오피스 문서로 변환해 봅니다. 또한 인쇄 형식을 설정하여 나만의 유인물을 만들어 봅니다.

예제파일   Chapter24₩연습문제1_시작.pdf

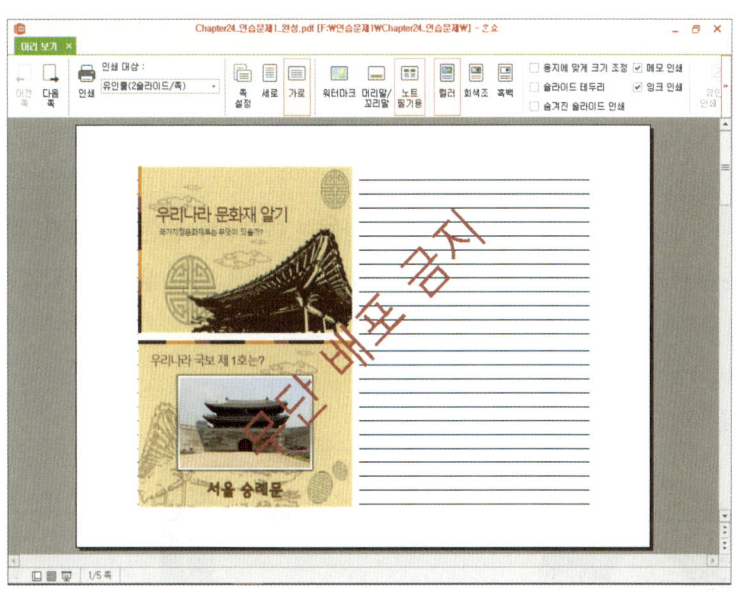

2 PDF 파일을 한쇼로 불러와 오피스 문서로 변환해 봅니다. 또한 인쇄 형식을 설정하여 나만의 유인물을 만들어 봅니다.

예제파일   Chapter24₩연습문제2_시작.pdf

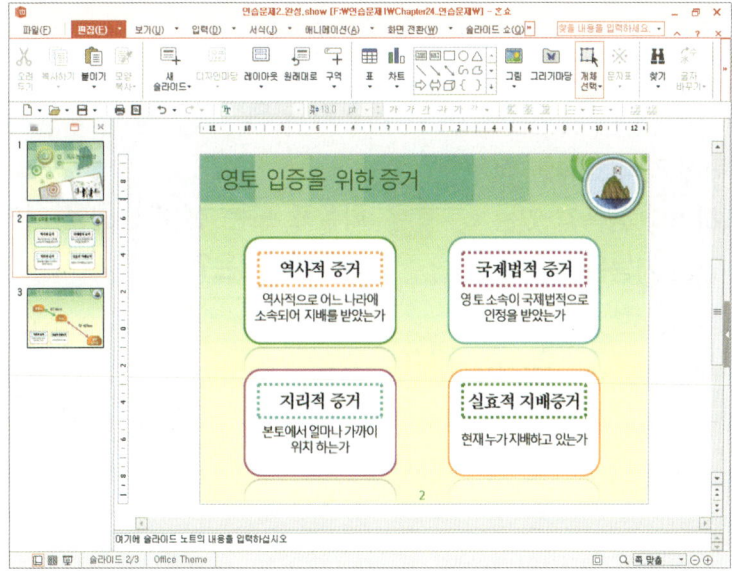

CHAPTER 24 PDF 문서를 한쇼에서 편집할 수 있을까?   117

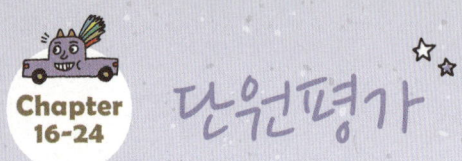

단원평가

1 차트의 범례, 제목, 눈금선 등의 표시 유무를 미리 설정해 차트 전체의 구성을 쉽게 변경할 수 있는 차트 기능은?

① 데이터 편집
② 차트 레이아웃
③ 차트 계열 색 바꾸기
④ 차트 종류 편집

2 다음 그림에서 빨간색 화살표가 가르키는 항목을 무엇이라 하는가?

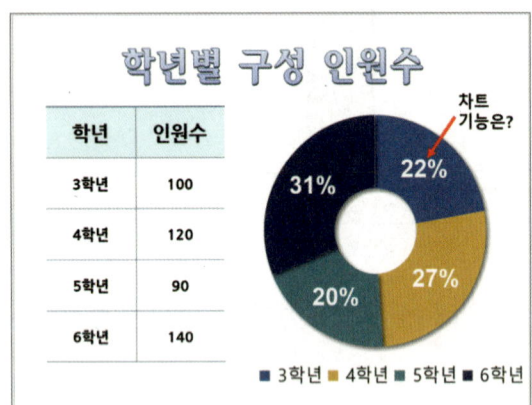

① 레이블　　② 제목
③ 범례　　　④ 축 제목

3 도형, 글자 그림 등의 개체에 각각 효과를 더하여 중요한 부분을 강조하거나 생동감 있는 프레젠테이션을 만들 수 있는 기능은?

① 테마　　　② 슬라이드 쇼
③ 넷피스 24　④ 애니메이션

4 애니메이션의 시작을 제어하는 내용이 아닌 것은?

① 이전 효과 다음에
② 이전 효과와 함께
③ 마우스를 누를 때
④ 음성으로 시작

5 다음 그림에서 원본 차트가 결과 차트와 같이 변경되기 위해 필요한 작업은?

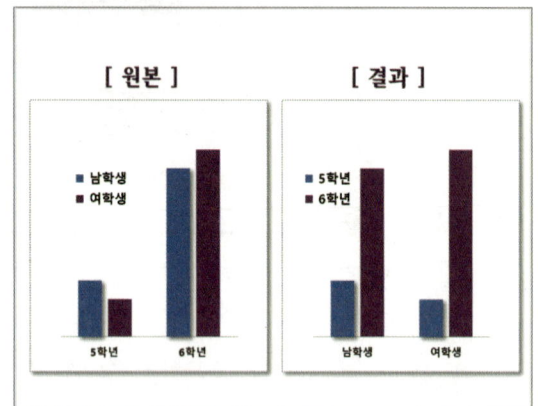

① 차트 종류 변경
② 행/열 전환
③ 데이터 편집
④ 차트 레이아웃

6 화살표 또는 선의 방향을 나타내기 적합한 애니메이션은?

① 닦아내기　② 확대/축소
③ 밝기 변화　④ 올라오기

정답 1② 2① 3④ 4④ 5② 6①

7 다음중 동영상 파일의 확장자가 아닌 것은?

① mp4 ② wav
③ avi ④ wmv

8 동영상 슬라이드 쇼에 대한 설명 중 올바른 것은?

① 동영상을 동그라미, 하트 등의 도형으로 표시할 수 있다.
② 동영상의 위치나 크기를 변형하지 않고 그림과 같이 영상물 바꾸기 기능을 사용할 수 있다.
③ 웹 동영상의 주소를 이용하여 한쇼에서 실행할 수 있다.
④ GIF 자료를 동영상으로 재생할 수 있다.

9 여러 개의 슬라이드가 있을 때 커서가 있는 슬라이드부터 쇼가 진행되는 단축키는?

① F5
② Shift + F5
③ Ctrl + F5
④ Alt + F5

10 여러 장의 슬라이드의 글꼴, 개체 위치, 레이아웃 등의 요소를 공통으로 설정할 수 있으며 여러 슬라이드의 디자인을 한 번에 변경할 수 있는 한쇼 기능은?

① 예행 연습 ② 쇼 설정
③ 테마쇼 ④ 슬라이드 마스터

11 슬라이드에 페이지 번호, 날짜 시간 등의 표시 유무를 결정할 수 있는 기능은?

① 테마 ② 디자인마당
③ 머리말/꼬리말 ④ 슬라이드 노트

12 한쇼 저장 기능에 해당하지 않는 것은?

① PDF
② 한글
③ 모바일 최적화 문서
④ 웹 페이지 문서

정답 7② 8③ 9② 10④ 11③ 12②